大跨曲线连续刚构桥平转施工关键技术

张付林　王银辉　等　编著

机械工业出版社

由于曲率的影响，曲线梁结构的重心会偏离截面的几何中心，从而在横桥方向上形成偏心。在转体施工中，曲线连续刚构采用曲线大悬臂 T 形刚构作为转体结构，这种横桥向的偏心导致了支承平衡系统和转动体系的复杂性。确保在转体过程中结构的平衡稳定及转动的平稳顺畅，是曲线连续刚构桥梁设计和施工的关键。宁波市轨道交通 4 号线的转体桥集大跨、小半径曲线线形、不对称等特殊情况于一体，转体结构预设偏心距达到 2.2m，具有典型性。

本书紧密围绕横桥向偏心问题，系统地介绍了曲线悬臂 T 形刚构重心偏离的受力特点、偏心结构转体系统的方案比选、曲梁转体结构支承平衡系统的分析与抗倾覆稳定性评估方法、曲梁转体不平衡称重试验和配重方法，以及球铰接触应力与抗倾覆力矩的计算方法等。本书结合宁波市轨道交通 4 号线上跨杭深、萧甬铁路转体桥梁的设计和施工实践，总结了桥墩预偏心设计方法、双向不平衡和双向抗倾覆稳定分析方法、双向不平衡称重试验及配重技术、撑脚主动支承的偏心转体施工技术、悬臂状态偏心状态和安全状态的预测评估技术等一系列关键技术。

本书可为平转施工的大跨径小半径曲线连续刚构桥的建设提供可靠的理论参考和实践指导，也可为因结构异形等原因导致的双向不平衡转体桥梁的设计施工提供参考，可作为桥梁工程设计、施工和科研人员的技术参考书，也可作为大专院校师生的学习参考书。

图书在版编目（CIP）数据

大跨曲线连续刚构桥平转施工关键技术／张付林等编著. -- 北京：机械工业出版社，2024.12. -- ISBN 978-7-111-76973-6

Ⅰ. U448.235.4

中国国家版本馆 CIP 数据核字第 2024HP9161 号

机械工业出版社（北京市百万庄大街 22 号　邮政编码 100037）
策划编辑：马军平　　　　　　责任编辑：马军平　范秋涛
责任校对：龚思文　刘雅娜　　封面设计：张　静
责任印制：邓　博
北京盛通数码印刷有限公司印刷
2024 年 12 月第 1 版第 1 次印刷
169mm×239mm・11 印张・2 插页・213 千字
标准书号：ISBN 978-7-111-76973-6
定价：98.00 元

电话服务　　　　　　　网络服务
客服电话：010-88361066　机　工　官　网：www.cmpbook.com
　　　　　010-88379833　机　工　官　博：weibo.com/cmp1952
　　　　　010-68326294　金　书　网：www.golden-book.com
封底无防伪标均为盗版　机工教育服务网：www.cmpedu.com

前言

平转施工法是在非设计轴线位置制作桥跨结构，利用桥墩（或桥台）上的转盘结构和滑道水平旋转就位或旋转就位合龙的施工方法。进入21世纪以来，随着铁路交通网的不断完善，公路、铁路、轻轨等交通建设中跨越既有铁路线的情况日益增加，由于涉铁工程建设的高要求，平转施工利用运营"窗口期"完成转体，对既有铁路交通运营干扰小的优势得以凸显，已经成为大跨度桥梁跨越既有铁路线的首选施工技术。近年来，利用平转法完成施工的桥梁数量大幅度增加，据统计，仅2023年就有30多座平转施工的转体桥梁被报道。在日益复杂的交通线路建设环境下，平转施工的桥梁不断出现大跨度、大吨位、不对称、小半径曲线桥甚至异形桥梁等，建设难度越来越大，要求技术上不断创新突破。

受铁路界限净高和施工安全要求的制约，宁波市轨道交通4号线高架区段上跨杭深、萧甬铁路节点桥跨径布置为68m+138m+95m，单个转体结构悬臂长度为50m+50m和85m+85m，转体重量达8000t和15600t，位于350m半径的平曲线上，是一座集大跨、小半径曲线线形、不对称等特殊情况于一体的连续刚构桥。该桥28号墩转体结构横桥向预设偏心距2.2m，技术上具有复杂性和典型性。该桥于2020年7月16日凌晨利用1个铁路线封锁时间顺利完成转体，转体过程历时65min，创造了国内大偏心小半径大悬臂连续刚构桥梁转体施工的纪录。

因平面曲率影响，曲线梁结构重心偏离截面几何中心，转体施工的曲线连续刚构以曲线大悬臂T形刚构为转体结构，转体结构的重心偏离问题，关系到转体结构的平衡稳定和转体顺畅，是曲线连续刚构桥梁设计施工的关键所在。为此，结合宁波市轨道交通4号线高架区段跨越萧甬铁路、杭深高铁节点桥的设计施工，围绕小半径导致的转体结构大偏心问题，开展了曲线悬臂T形刚构重心偏离受力特点、曲线转体结构转体系统和偏心距调整方案比选、曲梁转体结构支承平衡与抗倾覆稳定性评估方法、双向转体不平衡称重试验和配重方法、球铰接触应力与抗倾覆力矩计算方法等研究，总结凝练形成了桥墩预偏心设计方法、双向不平衡和双向抗倾覆稳定分析方法、双向不平衡称重试验及配重技术、撑脚主动支承的偏心转体施工技术、悬臂状态偏心状态和安全状态预测评估技术等一系列理论成果和设计施工技术，为该桥梁转体施工的安全顺畅提供了重要支撑，为大跨径曲线桥梁转体施工积累了丰富的经验。

本书共10章。第1章论述了转体施工的发展历史和国内平转施工的技术发展现状，收集了近10年来国内利用平转施工建成的梁桥、刚构桥和斜拉桥资料，重点分析了曲线连续梁（连续刚构）转体桥梁的资料。第2章分析了曲线大悬臂T形刚构重心偏离的特点。第3章结合偏心特点讨论了平转施工的转体系统和稳定状态，以及曲线连续刚构偏心状态分析。第4章结合宁波市轨道交通4号线跨铁路转体桥，介绍了曲线大悬臂T形刚构转体结构偏心调整方案，并介绍了最终采用的以桥墩变宽预设偏心的设计方案。第5章详细介绍了该桥在充分考虑顺桥向和横桥向双向施工误差、双向不平衡前提下的平转施工技术方案。第6章介绍了基于施工误差的转体结构稳定性评估方法。第7章介绍了曲线转体结构双向不平衡称重试验和配重方法。第8章提出了一种撑脚主动支承的偏心转动体系，并分析了技术可行性。第9章针对球铰接触应力及球铰摩阻力矩的理论计算，研究了球铰接触应力的合理计算模型和球铰摩阻力矩计算方法。第10章对全书主要内容做了归纳总结。

本书由张付林拟定总体架构和内容，并组织撰写，由王银辉修改定稿。撰写人员分工如下：第1、2、3、9章，王银辉；第4章，叶如、杨金刚；第5章，汪东、陈杯；第6章，肖广良、姚宸；第7章，张付林、景浩；第8章，夏汉庸、黄毅；第10章，张付林。

宁波市轨道交通4号线高架区段上跨杭深、萧甬铁路节点桥建设的业主单位为宁波市轨道交通集团有限公司，代建单位为杭州地方铁路开发有限公司，设计单位为上海市政工程设计研究总院（集团）有限公司，监理单位为铁四院（湖北）工程监理咨询有限公司，施工单位为中铁四局集团有限公司，并由浙大宁波理工学院提供转体施工安全控制技术服务和技术成果总结。本书集中了所有参建单位和人员的技术及智慧，在此向各参建单位和全体同仁表示衷心的感谢。本书吸收了参与项目技术服务和研究工作的王旭燚、章致瑜两位硕士研究生的部分研究成果，李洋、房玉环、陈闯、朱凌志等同志为本书提供了设计、施工、监控的详实资料和数据，在此一并感谢。

由于作者水平有限，书中不妥之处，敬请读者批评指正。

作　者

目 录

前言
第1章 绪论 ……………………………… 1
  1.1 我国桥梁转体施工早期发展
     历程 …………………………… 1
  1.2 桥梁平转施工技术现状 ………… 4
    1.2.1 跨越既有铁路转体桥梁大幅
        增多 …………………… 15
    1.2.2 转体桥梁跨度不断增大 … 15
    1.2.3 转体施工条件日益复杂 … 16
    1.2.4 大吨位转体体系日益
        成熟 …………………… 17
    1.2.5 不平衡转体数量增多 …… 19
  1.3 曲线桥梁的平转施工 …………… 21

第2章 曲线梁 T 构的重心偏离
      分析 ………………………… 23
  2.1 曲线板恒载重心的偏离分析 …… 23
  2.2 曲线箱梁恒载重心的偏离距 …… 25
  2.3 考虑桥墩弯曲变形的曲梁 T 构恒载
     重心的附加偏心距 ……………… 27
  2.4 小结 ……………………………… 28

第3章 平转施工转体系统与偏心
      状态分析 …………………… 29
  3.1 平转施工转体系统 ……………… 29
    3.1.1 转体系统组成与类别 …… 29
    3.1.2 齿轮驱动多点辅助系统 … 32
  3.2 转体结构平转过程稳定状态 …… 35
    3.2.1 球铰转体结构倾覆稳定
        分析 …………………… 35

    3.2.2 转动结构平转受力分析 … 36
  3.3 曲线连续刚构桥转体结构偏心
     状态 ……………………………… 37
    3.3.1 直线连续刚构桥转体结构的
        空间状态 ……………… 37
    3.3.2 转体施工偏心状态称重与
        调整 …………………… 39
    3.3.3 曲线连续刚构桥转体 T 构
        偏心状态分析 ………… 43
    3.3.4 曲率半径与跨径对悬臂状态
        偏心距的影响 ………… 46
  3.4 小结 ……………………………… 49

第4章 平转施工曲线连续刚构的
      设计选择 …………………… 50
  4.1 宁波市轨道交通4号线跨铁路
     转体桥工程设计介绍 …………… 50
    4.1.1 工程位置 ……………… 50
    4.1.2 桥梁总体布置 ………… 51
  4.2 曲线大悬臂 T 构转体结构的
     设计 ……………………………… 52
    4.2.1 配重调整重心偏离方案 … 53
    4.2.2 辅助支承系统方案 …… 54
    4.2.3 调整转铰位置方案 …… 56
    4.2.4 方案比较 ……………… 59
  4.3 宁波市轨道交通4号线跨铁路桥
     转体结构设计 …………………… 60
    4.3.1 预设偏心与桥墩设计 …… 60

4.3.2 转动体系设计 …………… 63
4.4 小结 ……………………………… 66

第5章 曲线连续刚构的平转施工技术方案 …………………… 67
5.1 转体体系施工安装 ……………… 67
　5.1.1 总体介绍 ………………… 67
　5.1.2 转体结构概述 …………… 69
　5.1.3 下承台中转体辅助装置施工 …………………… 71
　5.1.4 下承台槽口中转体系统安装 …………………… 71
　5.1.5 上承台转体系统安装 …… 76
5.2 转体施工方案 …………………… 78
　5.2.1 临时锁定的解除 ………… 78
　5.2.2 牵引系统及设备测试 …… 79
　5.2.3 试验转体 ………………… 81
　5.2.4 正式转体施工 …………… 83
　5.2.5 防倾、限位控制 ………… 86
　5.2.6 转体精确就位监控测量 … 87
5.3 转体结构支承平衡系统及稳定性计算 ……………………………… 88
　5.3.1 转体结构抗绕撑脚转动倾覆稳定计算 ……………… 88
　5.3.2 撑脚承载力计算 ………… 92
　5.3.3 中心定位销抗剪验算 …… 95
　5.3.4 抗滑动验算 ……………… 96
　5.3.5 转体结构临时固结状态的稳定分析 ………………… 96
5.4 转动牵引系统设计 ……………… 98
　5.4.1 中心支承的转体牵引力计算（平衡状态） …………… 98
　5.4.2 中心与撑脚共同支承的转体牵引力计算（非平衡状态） ……………………… 99
　5.4.3 牵引速度和牵引时间 …… 100
　5.4.4 惯性止动距离 …………… 101
5.5 小结 ……………………………… 103

第6章 基于施工误差的转体结构稳定性评估 …………………… 104
6.1 不同偏心状态的转体体系受力分析 ……………………………… 104
　6.1.1 偏心对转动体系变形的影响 ……………………… 105
　6.1.2 偏心对转动体系受力的影响 ……………………… 107
6.2 基于施工误差的偏心范围评估方法 ……………………………… 112
6.3 基于节段浇筑体积的偏心预估方法 ……………………………… 113
6.4 小结 ……………………………… 116

第7章 曲线转体结构的不平衡称重 …………………………… 117
7.1 大吨位称重试验的应用实践 … 117
7.2 双向不平衡称重方法 …………… 118
　7.2.1 转体结构平衡状态分析 … 118
　7.2.2 不平衡合力矩小于球铰摩阻力矩 ………………… 119
　7.2.3 不平衡合力矩大于球铰摩阻力矩 ………………… 119
　7.2.4 偏心距 …………………… 120
7.3 宁波市轨道交通4号线跨铁路转体桥的称重试验 …………… 121
　7.3.1 27号墩转体结构不平衡称重试验 ………………………… 121
　7.3.2 28号墩转体结构不平衡称重试验 ………………………… 122
7.4 配重分析及配重后转体姿态评估 ……………………………… 123
　7.4.1 配重对转体姿态的影响 … 123
　7.4.2 配重对转体结构偏心的影响分析 ………………………… 126
　7.4.3 配重 ……………………… 130
7.5 小结 ……………………………… 131

第8章 撑脚主动支承的偏心转体施工 ……………………… 132
- 8.1 撑脚支承对转体结构姿态的影响 ………………………… 132
- 8.2 撑脚主动支承的偏心转体结构 …………………………… 134
  - 8.2.1 撑脚主动支承的偏心转体方案 ……………………… 134
  - 8.2.2 撑脚支承对转体牵引力的影响 ……………………… 134
- 8.3 撑脚主动支承体系设计可行性分析 ……………………… 136
  - 8.3.1 27号墩转体结构设计 ……… 136
  - 8.3.2 28号墩转体结构设计 …… 137
- 8.4 小结 ………………………… 138

第9章 曲线连续刚构的球铰应力 ……………………………… 140
- 9.1 球铰应力计算方法研究概述 ……………………………… 140
- 9.2 球铰应力简化计算方法 ……… 142
- 9.3 基于半空间体的球铰接触应力计算理论 ………………… 143
  - 9.3.1 半空间体边界受法向集中力作用 ………………… 143
  - 9.3.2 半空间体表面圆形区域内受均布面荷载作用 ……… 144
  - 9.3.3 半空间体边界作用面、均布线荷载作用下的球铰接触应力计算模型 ……………… 145
  - 9.3.4 基于均匀法向位移假设的球铰接触应力计算理论 … 146
- 9.4 球铰接触应力试验研究 ……… 150
  - 9.4.1 试验参数与设计制作 …… 150
  - 9.4.2 球铰中心受压试验 ……… 152
- 9.5 球铰接触应力计算建议 ……… 155
  - 9.5.1 球铰接触应力有限元分析 …………………………… 155
  - 9.5.2 计算结果对比及计算方法建议 ……………………… 156
  - 9.5.3 球铰支撑转体结构抗倾覆力矩计算 ………………… 157
- 9.6 小结 ………………………… 160

第10章 结束语 …………………… 161
参考文献 …………………………… 166

第 1 章

绪 论

1.1 我国桥梁转体施工早期发展历程

转体施工法是在非设计轴线位置制作桥跨结构,在桥墩或桥台上旋转就位或旋转就位合龙的施工方法。这种施工方法能够将障碍上空的作业转化为无障碍或近地面的作业,非常适合于跨越深水、峡谷及繁忙的既有线路等复杂情况的桥梁施工,可以规避不利地形,保证跨线线路交通不中断,航道不断航,充分利用现场自然地形条件等进行构件的制作和浇筑。

转体施工法最早主要用于解决不能直接利用支架施工的跨越峡谷、急流河道的拱桥施工问题,首先成功应用的是竖转法施工。20 世纪 50 年代,意大利应用竖转法建造了跨度 70m 的多姆斯河桥,标志着竖转法施工技术的产生。1983 年,德国运用竖转法修建了 Argentobel 桥,该桥为双铰混凝土箱形拱桥,跨径 150m,矢高 32m,是当时世界上跨径最大的转体施工桥梁,该桥首次采用将主拱由竖直位置向下转动合龙的方法。该方法将拱圈在竖直状态利用滑升模板现浇,然后由竖直状态自上而下转动,最后合龙成拱,如图 1-1 所示。1988 年开工建设的日本内之仓桥也选择了类似的竖转施工方法,该桥跨径 37m,矢高 7m,为无铰钢筋混凝土拱桥,因地形陡峭无法搭设支架,选用自上而下的竖转施工方法。国内竖转施工开始于 1984 年四川自贡市水电局建设的跨径 100m 的团结渠大田口桁架渡槽,以及 1985 年江西省体育馆跨径 88m、高度 51m 的钢筋混凝土空间大拱,如图 1-2 所示。1990 年建成的四川广元三滩沟桥为净跨 60m,矢跨比 1/6 的钢筋混凝土刚架拱桥,为降低结构安装重量,避免大型施工设备,采用在河床上利用低矮简易支架上由"带板钢筋网架"组拼成拱肋外壳,经竖转合龙后浇筑填心混凝土,最后形成完整拱肋的施工工艺。其基本思想是:利用钢筋混凝土拱肋中的结构钢筋形成"桁片",由"桁片"组成"网架杆"或"网架板",在"网架杆"或"网架板"周边浇筑 3~5cm 的混凝土形成"带板网架板"或"带板网架杆",再以这些"板"或"杆"组装形成拱肋,将拱肋在跨中分成两半,在低矮支架上组拼后竖转[1]。在缺乏大型施工设备前提下,利用河床低位低矮支架上组装或浇筑半跨拱肋,自下而上竖转成拱合龙,是国内进行竖转施工应用的主流,且主要为拱桥。2020 年建成的大瑞铁路澜沧江特大桥为主跨 342m 的上承式劲性骨架钢筋混凝土拱桥,其劲性骨架钢管拱肋采用自上而下的竖转技术,是我国在这种转体施工技术上的重要突破[2]。近年来,随着斜拉桥、悬索桥的建设,竖转施工还被应用于造型复杂的桥塔的竖转,如宁波市跨越甬江的西洪大桥、中兴大桥,以及成都市北一线跨绎溪河大桥等。

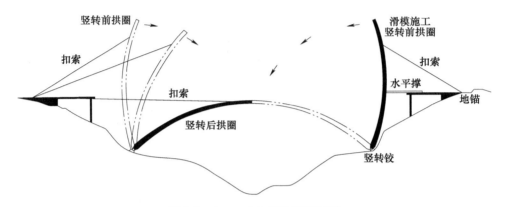

图 1-1 Argentobel 桥的竖转原理

图 1-2 江西省体育馆

平转法施工首次应用于 1976 年奥地利维也纳建成的多瑙河运河桥,该桥为主跨 119m 的斜拉桥,转体重量约 4000 t。此后平转法开始普遍在法国、德国、日本、比利时、中国等国家得到应用,并且在拱桥、钢桁架桥、刚构桥、斜拉桥、连续梁等桥型施工中均可采用。

20 世纪 70 年代,转体施工技术被引入我国,我国桥梁工程师及相关科研人员开始对其进行应用与研究[3]。1977年，在四川省遂宁县采用平转施工技术建成的建设桥，为主跨70m、转体重量1200t的钢筋混凝土肋拱桥，是我国桥梁转体施工技术的开端[1]。之后，转体施工技术在我国桥梁施工领域迅速推广并应用。早期，平转施工多用于拱桥，以解决跨越深水、急流、峡谷等复杂地形，并利用各种方式减轻转体重量，或以开口薄壁箱肋，或以带底板劲性骨架拱肋、空钢管拱肋等转出，既有利于减小转体拱肋重量，也有利于减小平衡重，转体重量基本在3000t以内，大多为1000~2000t。1988年建成的广西饮江大桥为跨径100m的钢筋混凝土箱形拱桥，采用平转施工，转出的为无顶板的单箱三室箱形拱，转体重量3003t，顶板混凝土待合龙后浇筑；1993年在江西省修建的德兴太白桥单孔130m，转体重量1810t，转出的为带混凝土底板的钢管混凝土劲性骨架，平衡转体，待合龙后浇筑腹板和顶板混凝土；1998年建成的湖北三峡下牢溪大桥为跨径160m的钢管混凝土上承式肋拱，转出的是四片哑铃形空钢管拱肋及拱上钢管立柱，转体重量达3600t[1]。为了使得拱桥平转施工时转体结构重心与转动中心重合，一般需利用桥墩、背墙或边跨作为平衡重，转体拱结构如图1-3所示。

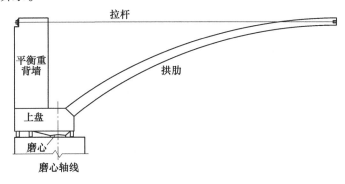

图1-3 有平衡重转体拱结构

大跨径拱桥采用平衡重转动体系施工工艺，平衡重既增加了转体结构的重量，又增加了转动体系的复杂性。为解决大跨径拱桥转体平衡重的问题，1984年，结合巫山县龙门桥的地形特点，首次提出了"拱桥无平衡重转体施工工艺"，并于1986年完成了巫山县乌龙桥$L=122m$箱形肋拱桥无平衡重转体。该桥位于巫山县龙门峡峡口，为双肋拱桥，利用两岸山体预制拱肋，利用锚固体系将拱肋通过拉压杆锚固于山体，形成无平衡重转体。1988年7月完成了涪陵乌江$L=200m$的拱桥双箱对称同步转体施工。大跨度拱桥的无平衡重转体施工巧妙利用山体的锚固和支承作用，使得拱肋转动到任何位置，均能通过锚固于山体的支承（拉杆）体系形成平衡，避免了平衡重的设置，有效降低了转体重量，增大了平转施工桥梁的跨径，相关技术参数详见张联燕、陈懋方等编著的《桥梁转体施工》[1]。

对于跨越山区深谷、两岸陡峻、预制场地狭窄桥位的大跨径拱桥，利用地形搭设简易支架，采用平转施工方法具有较大的优越性。当跨越宽阔河流及桥位地形平坦时，直接采用平转法施工难以有效利用地形，采用竖转与平转相结合的施工方法，可以通过竖转将在低矮简易支架上组拼完成的拱肋转动起来，然后利用平转完成障碍跨越。2000年建成的广东丫髻沙大桥主桥采用76m+360m+76m三跨连续自锚中承式钢管混凝土拱桥，其主跨钢管拱肋先在低矮支架上拼装，然后竖转至设计高度后，与边跨一起平转就位合龙，平转转体重量达13680t，为国内第一座，也是世界同类型第一座万吨转体桥梁[4]。

斜拉桥、T形刚构、连续梁、连续刚构桥、桁架拱桥、拱梁组合体系桥梁等桥型依靠结构自身就能实现转体结构平衡（或部分平衡），且结构自身承载能力能满足转体施工工程受力需要，平转施工方法在这些桥梁中得到了较好应用。1980年，四川省阿坝州金川县利用平转施工方法修建的曾达桥开创了利用平转施工修建斜拉桥的先例，该桥为跨径70m+41m的独塔斜拉桥，转体重1344t，平转90°。1990年建成的四川绵阳的川陕公路跨宝成铁路立交桥，为转体重量2350t的2×35m T形刚构（简称T构）桥。1994年建成的广东南海雅瑶立交桥为南北干线跨广佛高速公路的一座分离式立交桥，其中跨越广佛公路的主孔采用悬臂T构转体施工，为55.5m+95m+55.5m的三跨T构，悬臂T构每侧长39.5m，吊装重量达4300t。1998年贵州省建成的都拉营桥位于贵阳市东北绕城公路上，跨川黔铁路，为55.7m+90m+55.7m，转体T构单侧悬臂长44m，转体重量达7100t[5]。上述立交桥梁建设为利用平转施工技术跨越既有铁路、公路修建大跨径梁式桥、斜拉桥积累了经验。

1.2 桥梁平转施工技术现状

进入21世纪以来，由于平转施工具有对桥下既有交通运营干扰少的优势，使得转体施工在交通线路日益复杂的建设环境下得到大量的应用，尤其是在跨越既有铁路的桥梁建设中，转体施工具有明显优势，甚至已经成为大跨跨越既有铁路线的首选施工技术[6]。转体技术施工的桥梁正不断朝着大跨度、大吨位、不对称、小半径曲线桥，甚至异形桥梁等方向发展。表1-1为笔者统计的2010年以来国内以平转施工建成的百余座连续梁（刚构）、T构、斜拉桥等桥型的桥梁。

由表1-1可见，近年来，平转施工的梁式桥和斜拉桥建设呈现出诸多新特征。

第1章 绪 论

表 1-1 近年来建成的国内平转施工连续梁（刚构）、T 构、斜拉桥一览

序号	桥名	桥型	跨径配置/m	跨越障碍	主梁材料	直线/曲线半径/m	转体重量/t	转体长度/m	转铰形式	建成年份	备注
1	福州市义北路立交工程	斜拉桥	141+110	铁路	预应力混凝土	R-900	50000	136+103	球铰	在建	球铰中心预设横桥向偏心1.78m
2	九江市新建快速路上跨庐山站立交工程	斜拉桥	99+250+116	铁路	预应力混凝土	直线	41600 47600	95.5+114 132+112.5	球铰	在建	
3	广州市增城区新新公路跨广深铁路桥	矮塔斜拉桥	114+96	铁路	预应力混凝土	直线	32000	114+96	球铰	在建	双幅逆向同步转体，两侧悬臂不等，通过腹板、底板厚度调平衡
4	西安绕城高速上跨西安北客站	斜拉桥	100+240+100	铁路	预应力混凝土	直线	38500	96.4+118.75	球铰	在建	
5	福清市清繁大道跨杭深线桥	T构	85+85	铁路	预应力混凝土	R-2500	1500	73.5+73.5	球铰	在建	
6	武汉高速维都上跨湘桂铁路线桥	T构	65+65	铁路	钢桁	直线	22000	65+65	球铰	2024	
7	合新铁路明光天门村特大桥	T构	128	铁路	预应力混凝土	R-900	6000	转体梁长97.5	球铰	2024	
8	国道208线新建工程上跨南同蒲铁路转体桥	连续梁	75+75	铁路	预应力混凝土	直线	18600	70+70	球铰	2024	
9	沪苏湖铁路松江特大桥	单跨钢桁梁	128	铁路	钢桁	直线	2972	128	球铰	2024	
10	晋中市国道241线新建工程上跨南同蒲铁路转体桥	连续梁	60+60	铁路	预应力混凝土	直线	13000	55+55	球铰	2024	
11	荆门国道347线上跨长荆铁路立交桥	连续梁	30+60+50	铁路	预应力混凝土	R-500	11000	转体长96	球铰	2023	球铰中心预设横桥向偏心0.5m

5

(续)

序号	桥名	桥型	跨径配置/m	跨越障碍	主梁材料	直线、曲线半径/m	转体重量/t	转体长度/m	转铰形式	建成年份	备注
12	武汉滠湖路延长线跨京广铁路、编组站桥	矮塔斜拉桥	2跨全长178	铁路	预应力混凝土	直线	22230	78+78	球铰	2023	不对称转体，短臂端和曲线外侧双向配重调平衡
13	武汉滠湖路项目跨滠口南联络线桥	连续梁	2跨全长87	铁路	预应力混凝土	曲线	8500	37.5+40.5	球铰	2023	
14	襄阳市环线提速改造工程跨襄阳北编组站大桥	斜拉桥	(200+294)+(226+200)	铁路	主跨钢混组合，边跨混凝土	直线	30600 32000	71.75（钢混凝土组合）+49（混凝土）	球铰	2023	不平衡转体，球铰结合齿轮齿条传动的多点支承转体系统
15	开江县开梁高速报恩寺村桥大桥	T构	35+35	铁路	预应力混凝土	直线	4000	35+35	球铰	2023	
16	北京门头沟国道109新线安家庄特大桥（左幅）	斜拉桥	248.95+248.95	铁路	钢桁	R-1600	15570	248.95+248.95	球铰	2023	双幅同步转体
17	北京门头沟国道109新线安家庄特大桥（右幅）	钢桁梁	171.95+171+75.25	铁路	钢桁	R-1500	9320	171.95+171	球铰	2023	
18	胶州融合大道一期工程跨胶黄、青盐铁路主桥	T构	116+116	铁路	预应力混凝土	直线	35000	116+116	球铰	2023	
19	呼和浩特S43机场高速立交桥（主线）	T构	65+65	铁路	预应力混凝土	直线	32000	65+65	球铰	2023	双幅同墩转体
20	呼和浩特S43机场高速立交桥（匝道）	T构	62+62（B匝道），70+70（C/E/F匝道）	铁路	预应力混凝土	直线	8000(B) 9200（C/E/F）	57+57(B)，65+65（C/E/F）	球铰	2023	与主线形成5座T形刚构桥转体群

（续）

序号	桥名	桥型	跨径配置/m	跨越障碍	主梁材料	直线/曲线半径/m	转体重量/t	转体长度/m	转铰形式	建成年份	备注
21	厦门跨东海域通道北延伸段工程上跨福厦高铁公路桥	T构	2跨	铁路	预应力混凝土	直线	44000	转体桥长196	球铰	2023	双幅同墩转体
22	长春经济圈环线农安至九台、双阳至伊通段跨越铁路工程工程桥	连续梁	3跨，主跨108	铁路	预应力混凝土	直线	14600		球铰	2023	
23	新余市环城路万商红转体桥	T构	80+80	铁路	预应力混凝土	直线	25000	78+78	球铰	2023	
24	合肥市文忠路上跨合肥东站特大桥	连续梁	主跨122，总跨度257，3跨不对称布置	铁路	预应力混凝土	直线	13000（45#墩）21000（46#墩）	转体长91.3（45#墩）；72.85+70.35（46#墩）	球铰	2023	46#墩转体梁悬臂长差2.5m，重量相差91.5t，标准段桥面宽29.5m，变段最宽34.1m
25	渝昆高铁八家村跨沪昆铁路特大桥	连续梁	70+128+70	铁路	预应力混凝土	直线	11000	63+63	球铰	2023	
26	渝昆高铁阿里塘特大桥	连续梁	3跨	铁路	预应力混凝土	直线	4900	31+31	球铰	2023	
27	龙岩市工业东路延伸段跨铁路立交桥	T构	2跨	铁路	预应力混凝土	直线	7000	70+70	球铰	2023	双幅异位转体
28	六盘水凤凰东路上跨铁路桥	T构	80+80	铁路	预应力混凝土	直线	20000	75+75	球铰	2023	
29	西延高铁东红北洛河特大桥	连续梁	60+100+60	铁路	预应力混凝土	直线	6500	48+48	球铰	2023	
30	西延高铁交口镇北洛河特大桥	T构	2跨	铁路	预应力混凝土	直线	9200	64+64	球铰	2023	

(续)

序号	桥名	桥型	跨径配置/m	跨越障碍	主梁材料	直线/曲线半径/m	转体重量/t	转体长度/m	转铰形式	建成年份	备注
31	晋中市平遥古城连续大道南跨同蒲铁路	T构	72+72	铁路	预应力混凝土	直线	17500	68+68	球铰	2023	
32	石家庄市北三环市政化改造项目中华大街互通立交工程上跨西环线铁路	T构	65+65	铁路	预应力混凝土	直线	21000	65+65	球铰	2023	
33	山东临临高速跨瓦日铁路桥	T构	85+85	铁路	预应力混凝土	直线	3900	85+85	球铰	2023	
34	山西省大同市平城西延铁路桥新建工程	斜拉桥	163+91	铁路	钢混结合	直线	25000	163+91	球铰	2023	不对称转体
35	莞番高速上跨广深铁路主桥	连续钢桥腹一板桥组合结构	85+85	铁路	钢	直线	29000	85+85	球铰	2023	双层桥面
36	杭温铁路南岙特大桥	连续梁	70+125+70	铁路	预应力混凝土	曲线	12000	61.5+61.5	球铰	2023	
37	贵港西外环高速公路上跨南广高铁桥	T形刚构	83+83	铁路	预应力混凝土	直线	16000	78+78	球铰	2023	双幅异位
38	周口国道106线淮阳刘楼至项城李庄段改建工程上跨溧阜铁路立交桥	T构	两跨	铁路	预应力混凝土	直线	14900	67+67	球铰	2023	
39	沪渝蓉高铁当阳漳河特大桥	T构	两跨	铁路	预应力混凝土	直线	4484.8	转体长95.28	球铰	2023	
40	荆荆高铁荆门特大桥	T构	56+56	铁路	预应力混凝土	直线	13000	49.5+49.5	球铰	2023	
41	沪渝蓉高铁太白集特大桥	T构	56+56	铁路	预应力混凝土	直线	13000	53+53	球铰	2023	

(续)

序号	桥名	桥型	跨径配置/m	跨越障碍	主梁材料	直线/曲线半径/m	转体重量/t	转体长度/m	转铰形式	建成年份	备注
42	南宁至玉林高铁那蓽特大桥	连续梁	48+80+48	铁路	预应力混凝土	R=600	8000	38+38	球铰	2023	球铰中心预设横桥向偏心0.2m；南玉高铁全线5座转体桥
43	江西永修万宝路上跨京九、昌九铁路	矮塔斜拉桥	95+160+95	铁路	预应力混凝土	直线	20284	转体长167	球铰	2022	
44	信阳国道107线绕市区段跨京广铁路	T构	70+70	铁路	预应力混凝土	直线	18000	70+70	球铰	2022	两座，全线三座转体桥
45	上海市漕宝路快速路	T构		铁路	钢	异形	15800	转体长190	球铰	2022	转体结构三维不对称，梁宽由40.5m渐变至99.3m，重心偏离高桥墩中心8.7m，设临时塔和拉索
46	日照岚山疏港铁路跨青盐铁路桥	T构	两跨，全长131.7	铁路	预应力混凝土	直线	7263.7	59+59	球铰	2022	
47	南宁至玉林高铁跨黎湛铁路特大桥	T构	两跨	铁路	预应力混凝土	直线	5810	49.5+49.5	球铰	2022	双线转体桥
48	南宁至玉林高铁那蓽特大桥	T构	48+48	铁路	预应力混凝土	直线	4100	42+42	球铰	2022	
49	广汕高铁跨京九铁路特大桥	连续梁	44.4+72+40	铁路	预应力混凝土	直线	38000		球铰	2022	墩顶转体
50	福厦高铁大城溪特大桥	斜拉桥	95.5+125.7	公路	预应力混凝土	直线	38000	95.5+125.7	球铰	2022	两侧梁体不对称，不平衡重570t，国内吨位最大的高铁不平衡转体斜拉桥
51	武汉大悟高速跨沪蓉线、麻武高铁立交桥（双线4座）	T构	75+75	铁路	预应力混凝土	铁路	18000	72+72	球铰	2022	4座转体T构群，双线跨越4条既有铁路线

(续)

序号	桥名	桥型	跨径配置/m	跨越障碍	主梁材料	直线/曲线半径/m	转体重量/t	转体长度/m	转铰形式	建成年份	备注
52	武汉大梧高速跨京广线立交线立交桥（右幅）	连续梁	86.5+86.5	铁路	钢	直线	9000	86.5+86.5	球铰	2022	
53	武汉大梧高速跨京广线立交线立交桥（右幅）	连续梁	68+124+68	铁路	预应力混凝土	直线	13000	61+61	球铰	2022	
54	武汉大梧高速跨京广线立交线立交桥（右幅）	T构	72+72	铁路	预应力混凝土	直线	14000	68+68	球铰	2022	
55	武汉大梧高速跨京广线立交线立交桥（左幅）	连续梁	68+124+68	铁路	预应力混凝土	直线	13000	61+61	球铰	2022	6个转体桥梁，双线跨越9条铁路线
56	霸州新建津兴铁路跨津霸铁路	连续梁	3跨	铁路	预应力混凝土	铁路	29500	转体梁长145.2	球铰	2021	
57	哈尔滨市哈西大街打通工程跨线桥	斜拉桥	118+198+118	铁路	预应力混凝土	直线	29500	97+101 90+107	球铰	2021	两侧梁体不对称，理论不平衡重最大达1350t，配重调平
58	昆山国道312线上跨沪宁城际铁路桥	V构	66+66	铁路	预应力混凝土	直线	25000	66+66	球铰	2021	
59	信阳新十八大街跨编组场铁路大桥	T构	60+60	铁路	预应力混凝土	直线	13500		球铰	2021	
60	信阳新十八大街跨编组场大桥	斜拉桥	150+150	铁路	钢	R-1000	18000	144.5+144.5	球铰	2021	主梁偏心3.228m，经上桥塔柱外偏等措施处理后，球铰球铰中心预设横桥向偏心0.7m，施工中横向临时配重

（续）

序号	桥名	桥型	跨名配置/m	跨越障碍	主梁材料	直线、曲线半径/m	转体重量/t	转体长度/m	转铰形式	建成年份	备注
61	重庆跨渝利井上线、下线和蔡歌联络线	连续刚构		铁路	预应力混凝土	直线	单座最重5000，总重21500	5个转体全长383.5	球铰	2021	大跨度集群式转体（5个），5个转体全长383.5m
62	龙岩大桥	斜拉桥	190+150	铁路	钢	直线	23660	173.75+149.7	球铰	2020	"独塔单转"和"塔梁共转"两步
63	济南绕城高速公路二环线东环段跨体桥	连续刚构		铁路	预应力混凝土	直线	4个转体总长48000	4个转体总长520	球铰	2020	双幅四个转体同时转体
64	宁波杭深、萧甬铁路工程跨铁路节点桥	连续刚构	68+138+95	铁路	预应力混凝土	R-350	8000 15000	50+50 86+86	球铰	2020	小跨转体球铰中心预设横桥向偏心0.8m，大跨转体球铰中心预设横桥向偏心2.2m
65	山西长治国道207线跨邯长铁路桥	T构	70+70	铁路	预应力混凝土	直线	14200	55+55	球铰	2020	
66	郑州迎宾大道高架跨机南城铁立交工程	T构	62+70	铁路	预应力混凝土	直线	20000	51+51	球铰	2020	
67	郑州迎宾大道高架跨郑万高铁立交工程	连续刚构	60+102+60	铁路	预应力混凝土	变宽	20000	51+48.5	球铰	2019	桥面宽度由38.85m逐渐变宽至45.83m，通过配重平衡
68	武汉杨泗港快速通道青菱段斜拉桥	斜拉桥	40+88+252+88+40	铁路	钢	直线	18500	124+124	球铰	2019	
69	保定市乐凯大街跨保定南站主桥	斜拉桥	145+240+110	铁路	预应力混凝土	直线	46000 35000	128.6+135 102+102	球铰	2019	利用腹板、底板加厚配重不平衡，子塔墩底预设偏心中心向跨预设转铰偏心0.1m

(续)

序号	桥名	桥型	跨径配置/m	跨越障碍	主梁材料	直线/曲线半径/m	转体重量/t	转体长度/m	转铰形式	建成年份	备注
70	常州大明路跨沪蓉高速桥	连续梁	56+90+56	公路	预应力混凝土	直线	10076	43.5+43.5	球铰	2019	
71	昆明至楚雄至大理高速公路大德大桥	连续梁	91+108+91	铁路	预应力混凝土	直线	15000	53+53	球铰	2019	
72	鲁南高速铁路高上1号特大桥	T构	48+48	铁路	预应力混凝土	直线	4522	48+48	球铰	2019	
73	郑万高速铁路跨郑西高速路桥梁	斜拉桥	(32+138)+(138+32)	铁路	预应力混凝土	R−1400	16500	128+128	球铰	2019	球铰中心预设横桥向偏心0.847m
74	吉林四平市东丰路上跨铁路立交桥	斜拉桥	169+90	铁路	钢混混合梁	直线	25500	145(钢)+78(混凝土)	球铰	2019	双向配重
75	邯济铁路至胶济铁路联络线工程跨胶济客专特大桥	矮塔斜拉桥	120+120	铁路	预应力混凝土	R−800	25000	103.9+103.9	球铰	2019	球铰中心预设横桥向偏心1.4m,下转盘偏心1.0m
76	郑州市四环线及大河路快速化工程大河路跨京广铁路、郑焦城际桥	连续刚构	85+147+85	铁路	预应力混凝土	直线	30000	71.75+71.75	球铰	2019	
77	滨莱高速公路改扩建工程上跨铁路	连续梁	50+85+50	铁路	预应力混凝土	直线	16000	41+32	球铰	2018	为保证既有高速公路半幅通行,转体桥梁两侧长度非对称转体施工配重960t
78	乌鲁木齐至西乌北铁路联络线跨乌奎高速公路特大桥	连续梁	48+80+48	铁路	预应力混凝土	R−700	4241	38+38	球铰	2018	
79	唐山二环路上跨津山铁路等既有铁路立交桥	T构	68+68	铁路	预应力混凝土	R−6000	18000	64+64	球铰	2018	

第1章 绪 论

（续）

序号	桥名	桥型	跨径配置/m	跨越障碍	主梁材料	直线/曲线半径/m	转体重量/t	转体长度/m	转铰形式	建成年份	备注
80	唐山二环路上跨津山铁路等既有铁路立交桥	斜拉桥	(34+81)+115	铁路	预应力混凝土	R-6000	33000	106.5+106.5	球铰	2018	称重需顶力大，为解决称重难题，先在主跨侧按理论配重170t，使桥梁纵向理论上达到平衡状态再进行称重
81	北京新机场三线四桥转体工程	T构		铁路	预应力混凝土		总重10000	43+43 43+43 66+66 40+40	球铰	2018	四桥共转，在90min的窗口期内，在同一时间、同一平面、同一地点实现多桥联动
82	重庆路黄南右线特大桥	连续梁	44+80+44	铁路	预应力混凝土	直线	5400	39+39	球铰	2018	球铰中心预设横向偏心0.847m
83	郑万铁路联络线跨郑西高铁	斜拉桥	138+138	铁路	预应力混凝土	R-1400	16500	128+128	球铰	2018	
84	郑万高铁上行联络线跨越京广哈铁路	T构	73+73	铁路	预应力混凝土	R-2500	10000	73+73	球铰	2017	
85	沈阳四环快速路跨越京哈铁路特大桥	T构	80+80	铁路	预应力混凝土	R-2500	13500		球铰	2017	
86	京张高铁土木特大桥	连续梁	60+100+60	铁路	预应力混凝土	直线	5700	49+49	球铰	2017	墩顶转体
87	京通疏解线	连续槽形梁	40+56+40	铁路	钢	R-800	3500	27+27	球铰	2017	
88	武汉市常青路（青年路一三环线）跨铁路主桥	连续梁	95+105	铁路	预应力混凝土	直线	8600	43.8+91.4	球铰	2017	球铰结合齿轮齿条机传动的多点支承转体系统
89	菏泽丹阳路跨京九铁路大桥	斜拉桥	38+102+240+102+38	铁路	预应力混凝土	直线	24000	119+119	球铰	2016	
90	山东省邹城市30m上跨铁路立交桥	斜拉桥	110+110	铁路	预应力混凝土	直线	22400	99+99	球铰	2015	

13

（续）

序号	桥名	桥型	跨径配置/m	跨越障碍	主梁材料	直线/曲线半径/m	转体重量/t	转体长度/m	转铰形式	建成年份	备注
91	安徽北沿江高速滁州至马鞍山段跨合宁铁路桥	T构	65+65	铁路	预应力混凝土	直线	16000	65+65	球铰	2015	
92	武汉市长丰大道高架桥	连续刚构	55+90+90+55	铁路、轻轨	预应力混凝土	R-600	14500 13500	43.5+43.5	球铰	2015	球铰中心预设横桥向偏心分别为0.289m和0.1m
93	京秦高速公路大秦铁路分离式立交桥主桥	T构	70+70	铁路	预应力混凝土	R-1815	9600	60+60	球铰	2015	
94	武汉市姑嫂树路高架桥	连续梁	70+116+70	铁路	预应力混凝土	直线	16000	57+57	球铰	2014	墩上转体
95	宝鸡蟠龙塬上跨陇海铁路立交桥	V形墩刚构	75+75	铁路	预应力混凝土	R-250	9600	74.9+74.9	球铰	2014	球铰中心预设横桥向偏心1.7m
96	张唐铁路跨大秦铁路大桥	T构	64+64	铁路	预应力混凝土	直线	11000	58.5+58.5	球铰	2014	
97	太原市北中环涧河路立交桥	T构	54+57 67+67	铁路	预应力混凝土	异形	10170 11520	49+52 57+57	球铰	2013	为超万吨、变截面、曲线双幅同步转体
98	宿淮线跨京沪铁路立交桥	T构	56+56	铁路	预应力混凝土	R-800	2790		球铰	2013	
99	北京地铁14号线上跨丰沙铁路高架桥	T构	84+84	铁路	预应力混凝土	R-470	7130	71+71	球铰	2012	球铰中心预设横桥向偏心1.152m
100	西南坡高速田家庄互通主线桥梁	T构	67+67	铁路	预应力混凝土	R-1100	11600	62+62	球铰	2012	错位双幅同步转体桥，球铰中心预设横桥向偏心0.42m
101	京石客运专线漯沱河特大桥	连续梁	80.6+128+80.6	铁路	预应力混凝土	直线	12000	63+63	球铰	2010	
102	共安大桥	连续梁	70+125+70	铁路	预应力混凝土	R-1500	14510	123	球铰	2010	双幅共墩
103	集包铁路第二双霸王河特大桥	连续梁	60+100+60	铁路	预应力混凝土	R-1600	5500	49.25+49.25	球铰	2010	球铰中心预设横桥向偏心0.155m

1.2.1 跨越既有铁路转体桥梁大幅增多

从统计的百余座桥梁来看,除个别桥梁跨越高速公路,基本是跨越既有铁路或轻轨,且每年的建设数量越来越多,根据相关报道统计,仅2023年就有30多座平转施工的转体桥梁被报道,2024年1月就有5座平转施工桥梁完成转体;一条线路上出现多座转体桥梁的情况也比较多见,如南宁至玉林高铁全线共有5座转体桥梁,渝昆高铁、郑州迎宾大道高架、西延高速等也都有多座转体桥梁。

可见,随着铁路交通网的不断完善,公路、铁路、轻轨等交通建设中跨越既有铁路线的情况日益增加,由于涉铁工程建设的高要求,平转施工基本可以利用一个运营窗口期时间完成转体,对既有铁路交通运营干扰小的优势得以凸显,已经成为大跨度桥梁跨越既有铁路线的首选施工技术。

1.2.2 转体桥梁跨度不断增大

一方面,被跨越交通线多线并行甚至跨越铁路编组站,另一方面,上跨桥梁与被跨越线路斜交,导致转体桥梁跨度不断增大,桥梁最大跨径和转体长度不断突破。1998年建成的都拉营连续刚构桥中跨为90m,转体T构长88m,是当时跨度最大的转体连续刚构桥[5],此后,转体桥梁的跨度不断增大,转体长度和转体吨位也不断增大。

在预应力混凝土斜拉桥方面,2019年建成的保定市乐凯大街跨保定南站主桥为145m+240m+110m三跨预应力混凝土斜拉桥,其中一个转体为128.6m+135m(转体总长263.6m),转体重46000t,是目前已建成桥梁中转体单侧悬臂最长、转体长度最大、跨径最大、转体重量最大的预应力混凝土桥梁[7,8]。2017年建成的菏泽丹阳路跨京九铁路大桥跨径布置为38m+102m+240m+102m+38m,转体长度119m+119m,也是截至目前跨径最大的三跨预应力混凝土斜拉桥[9]。同样,2019年建成的郑万高速铁路跨郑西高速铁路桥梁,跨径布置32m+138m+138m+32m,转体长度128m+128m(总长256m),是目前已建成桥梁中跨径最大的转体施工预应力混凝土独塔斜拉桥[10,11]。当前在建的福州市义北路立交工程为跨径141m+110m的独塔斜拉桥,转体长136m+103m(总长239m),建成后将成为转体结构单侧悬臂最长、跨度最大的预应力混凝土独塔斜拉桥,也是目前转体悬臂最长的预应力混凝土斜拉桥,该桥转体重量达50000t[12]。在建的九江市新建快速上跨庐山站立交工程为99m+250m+116m,其中一个转体长为132m+112.5m(总长244.5m),转体重量达46700t,将成为跨径最大的预应力混凝土双塔三跨斜拉桥[13]。邯济铁路至胶济铁路联络线工程跨胶济客专特大桥,为跨径布置120m+120m的预应力混凝土矮塔斜拉桥,转体长度103.9m+103.9m(总长207.8m)[14],广州市增城区新新公路跨广深铁路桥为跨径114m+96m,转体长 210m，分别是目前跨径最大、转体长度最大的预应力混凝土两跨矮塔斜拉桥[15]。可见，当前平转施工的预应力混凝土斜拉桥的转体结构悬臂长度可达 140m 左右，而矮塔斜拉桥的转体悬臂长度也可达 115m 左右。

2023 年建成的北京门头沟国道 109 新线安家庄特大桥（左幅）为 248.95m+248.95m 钢桁斜拉桥，转体长 497.9m，是目前跨径最大的转体施工独塔钢斜拉桥，也是转体结构长度最长的桥梁[16]。

预应力混凝土连续梁、连续刚构和 T 形刚构（2 跨）是平转施工梁式桥的主要桥型，2023 年建成的胶州融合大道一期工程跨胶黄、青盐铁路主桥跨径布置为 116m+116m 的 T 形刚构，转体长度 116m+116m，是目前跨径最大的、转体长度最长的 2 跨 T 形刚构，该桥梁转体重量达 35000t，是目前为止最重的转体 T 构。2019 年在河南省郑州市四环线及大河路快速化工程跨京广铁路、郑焦城际连续刚构桥跨径布置为 85m+147m+85m，转体重量达 30000t，转体长 71.75m+71.75m，是目前跨径最大的三跨连续刚构（梁）桥[17]。2020 年建成的宁波市轨道交通 4 号线上跨杭深、萧甬铁路节点桥为一座主跨跨径 68m+138m+95m 的连续刚构桥，一侧转体长 86m+86m[18,19]。T 构最大转体悬臂长达 116m，意味着转体连续刚构桥梁跨径可突破 200m，甚至可达到 230m 左右。

2023 年建成的北京门头沟国道 109 新线安家庄特大桥（右幅）为 171.95m+171m+75.25m 连续钢桁梁桥，转体长 171.95m+171m，是目前跨径最大的转体钢桁梁桥。

综上所述，近年来，各类转体桥梁建设不断突破新的跨度，以适应日益复杂的建设条件。

1.2.3　转体施工条件日益复杂

随着交通立体化的不断推进，新建桥梁跨越既有交通线的建设环境和施工条件日益复杂，跨越线路多，近年来出现多种多座桥梁跨越多条既有铁路线的情况，甚至在转体过程中相互占位，必须保证同步转体。

武汉至大悟高速有 2 处跨越多条铁路线，共设置 10 座转体，累计跨越 15 条既有铁路线。其中一处依次跨越京广铁路上、下行客运线及货运线、武汉北编组站、新港上行线等 9 条既有铁路营业线，左右两幅桥梁共计 6 座转体，包括 1 联 86.5m+86.5m 的 2 跨连续钢箱梁，1 联 72m+72m T 构，2 联 68m+124m+68m 连续梁，最大转体重量 14000t，转体总重量达 75000t。另一处依次上跨沪蓉高铁、麻武铁路，双幅分别设置 2 联 75m+75m T 构，单个转体重量 18000t，4 座转体总重达 72000t，且转体梁距离地面 37m。

呼和浩特 S43 机场高速什不更互通立交桥分别有主线和 B、C、E、F 四条匝道上跨铁路线，形成了 5 座 T 构转体的转体桥群，其中主线 T 构跨径 65m+65m，双幅桥梁同墩转体，转体重量达32000t。

上述桥梁虽然在一个位置多次跨越铁路线形成转体桥群，但由于转体桥之间不存在相互影响，也没有要求同时或同步转体，尽管梁体浇筑或拼装的施工条件非常有限，需要在铁路线间隙空间开展，但转体过程没有特殊要求。北京新机场"三线四桥"转体工程实现了90min窗口期内四桥共转，该工程包括大兴机场高速（左右双幅）、团河路及轨道交通新机场线在内的"三线四桥"，四座桥梁平行上跨京沪铁路，且下穿京沪高铁，竖向和平面条件受限，为较大限度地降低对铁路运输的影响，要求在同一时间、同一平面、同一地点内实现多桥联动转体，以同步转体的方式实现了跨越京沪铁路[20]。重庆市快速路二横线项目跨渭井、蔡歌铁路主线桥有5座全长383.5m、总转体重量达21500t的转体T构，在预留的90min铁路"天窗期"里，完成同步转体。上述两个项目各转体结构的转体轨迹均存在交叉，必须严格控制各转体的转动时间、速度和先后顺序[21]。为此，上述两个项目融合卫星信号与BIM系统，研发了"三线四（五）桥转体检测平台"系统，该系统可展现四（五）桥同转的全景影像，扫除转体盲角。该平台包括高精度卫星定位接收机、卫星信号解算系统、液压控制伺服系统、智能中央控制系统及三维展示系统。该系统在每个转体桥的一端安装1个高精度卫星信号接收设备，接收到的信号经高精度实时定位解算系统，获取当前转体桥位置，从而计算当前转体桥的转体角度。智能中央控制系统根据每个转体桥的实时数据进行相应计算，给出相邻转体桥间的最小距离。系统预设相邻2座桥间的最小安全距离，结合智能中央控制系统实时计算的最小距离，给出相应的预警信息。当最小安全距离达到预警值时，控制系统停止转动相关转体桥。取消预警信息后，控制系统自动启动相应转体转动，从而达到智能控制的目的[20]。

随着大城市周边交通路网越来越密集，这样"多桥同转"的情况会越来越多，所以，基于BIM、智能监测的智能控制技术的发展，可为多桥同步转体克服复杂位置关系提供技术保障[22]。

1.2.4 大吨位转体体系日益成熟

平转施工技术的发展，主要在于转动体系的发展和成熟，也是转体重量的不断增大的过程。早期，平转施工转体重量基本在1000~2000t，为了减轻重量，一般对转体结构进行轻型化，主要用于拱桥转体。20世纪90年代开始，转体重量逐渐增大，2000年建成的丫髻沙大桥转体重量达13680t，为国内首座万吨以上转体桥梁。进入21世纪以来，随着平转施工技术在连续梁、T构、斜拉桥等桥型的应用，转体重量大幅增加，许多转体桥梁的转体结构重量达数万吨，目前已建成的单个转体桥梁的最大重量达46700t，在建单个转体桥梁重量达50000t。

转体重量增大带动了转动体系的改进。转动体系主要由转盘结构、平衡系统和牵引系统三部分组成,转盘是支承转体桥梁(T构、拱桥、斜拉桥、连续梁等),并具有转动功能的临时承重结构,转体完成后,将其固结成永久结构。转盘结构有上转盘、下转盘及定位轴构成。上转盘为转体的主要承重结构,其上设有防止转体倾覆的保险撑脚,下转盘与基础相连,通过上转盘和下转盘之间的转动进行转体。

按照转盘的材料分,转盘结构有混凝土转盘和钢质转盘两种。我国转盘结构最早采用混凝土转盘,最初没有中心定位轴,因转体过程容易产生偏离中心现象,在转盘中心增加了定位轴。混凝土转盘一般由磨心、磨盖和转轴组成,磨心即下盘,与基础相连,磨盖即上盘,与转体结构相连,两者之间涂抹润滑剂,使得磨盖可以在磨心上自由转动,混凝土转盘一般采用下凸上凹的球形铰,上下盘接触面为球缺面。混凝土转盘价格低廉、易于成型,但摩擦系数大、承载力低,使用混凝土转盘结构的桥梁转体重量一般在5000t以下[3],最大的江苏苏州跨苏嘉杭高速公路特大桥,转体重量达6320t[1]。

钢质转盘承载能力大,采用四氟乙烯板和不锈钢板后,摩擦系数较小,随着加工精度和工艺的不断提升,不锈钢、四氟乙烯板等材料的普遍使用,钢质转盘系统已经全面取代混凝土转盘。1997年建成的都拉营桥是较早采用钢制转盘(含定位轴)的转体桥梁,且将上下盘接触面由球缺面改为平面,该桥梁转体重量达7100t[5]。平面转盘的优点在于转动支承由理论上的点支承变为面支承,依靠转轴接合面上反力的梯形分布来克服转体结构重心的偏移,增强了转动过程的稳定性,但平面铰接触摩阻力大于球面铰,转轴受力大且容易产生应力集中。钢制转盘还是以球铰为主,与混凝土转盘不同的是,钢球铰为下凹上凸,有利于解决由于转体重心偏离导致的转盘沿球面滑动的问题。随着加工精度的不断提升,不锈钢、四氟乙烯板等材料的普遍使用,转动支承系统演变为有定位轴和摩擦介质的钢质上、下盘,且一般设置用以支承平衡的滑道。虽然当前转体结构主要采用球铰,但平面转盘具有制作简单、面支承平衡性好、无需二次调整转体结构姿态等优点,随着润滑介质的提升,摩擦力的减小,是未来在转体结构转盘设计可以优化的方向。

按照转动支承时的平衡条件,转动体系可分为中心支承和中心与撑脚(环道)支承相结合两种形式。早期转动体系以中心支承为主,虽然转体结构重心可能存在一定的偏心,但仍可以由上下转盘之间的摩阻力矩平衡。当转体重量逐渐增大后,中心支承无法保证转体结构的安全,施工时需设置环道和支承脚。最初的支承脚采用上盘周围安装钢轮,后来由钢筋混凝土柱替代了钢轮,随着转体结构重量的增大,撑脚也逐渐改为钢管混凝土柱,逐渐发展为设置摩擦介质的平衡盘。贵州水柏铁路北盘江大桥的转动体系为确保转体过程中结构稳定,将重心调至重心转轴靠后15cm,通过设置在上转盘后的两个钢撑脚形成三点支承体系[1]。

相比于中心支承，中心与撑脚（环道）支承相结合的方式更有利于稳定，但撑脚支承后摩阻力矩增大，会增加转动力，故需要控制撑脚支承力，降低滑道摩擦系数。

早期以电动卷扬机作为转动牵引动力装置。牵转索具是钢丝绳滑轮组，锚固于上盘混凝土中，同时设置多个转向滑轮，在外环混凝土上设置多根钢筋混凝土支承柱，作为助推千斤顶的撑脚，以步履式千斤顶作为助推动力装置。现在，为了满足大吨位转体需要，牵引动力装置改进为连续千斤顶，以钢绞线束作为牵转索，锚固于上盘混凝土中。这种牵引动力装置能保证连续匀速转动，牵引力大，一般情况下不再设置助推千斤顶，外滑道的主要作用是支承撑脚，保障安全。

1.2.5 不平衡转体数量增多

早期的拱桥转体多为不平衡结构，但通过设置平衡重或通过锚固于山体的平衡杆（索）形成转体平衡。随着桥梁建设的复杂性提升，各种由于地形、障碍、路线线形设计导致的不平衡转体桥梁不断增加，为了保证转体结构平衡，因地制宜地采取了各种平转施工方法，极大地丰富和提升了转体施工技术。

在连续梁、连续刚构、斜拉桥等可自身平衡的桥梁中，也可能因曲线线形、变宽异形、桥墩（塔）两侧不对称等原因导致不平衡转体，为了使得转体结构在转体过程中平衡稳定，往往采用以下方式：

1. 设置平衡重

设置平衡重是不平衡转体最常用的方法，拱桥作为典型的不平衡转体，利用拱脚背墙或桥墩设置平衡重，以满足平衡转体施工要求。一般而言，连续梁、T构、连续刚构和斜拉桥利用桥墩两侧梁体对称平衡，但当两侧梁体不对称，或由于施工误差导致转体结构重心线与转动中心不重合时，则可利用设置平衡配重调节，当梁轴线平面线形为曲线，或因桥面变宽异形时，还需要在横桥向配平衡重。2023年建成的武汉滨湖路项目跨濮口南联络线桥转体两侧梁悬臂长分别为37.5m和40.5m，梁轴线为曲线，故转体时在短悬臂端和曲线外侧双向配平衡重；合肥市文忠路上跨合肥东站桥46#墩两侧转体结构悬臂长差2.5m，桥面由标准段桥面宽29.5m变宽到最宽34.1m，两侧重量相差91.5t，也采用平衡重方式调节平衡[23]。2022年建成的福厦高铁太城溪特大桥为两跨不对称斜拉桥，转体结构两侧梁体长95.5m和125.7m，平衡配重570t，为当时国内吨位最大的高铁不平衡转体斜拉桥[24]；2021年建成的哈尔滨市哈西大街打通工程中跨径为118m+198m+118m的预应力混凝土跨线斜拉桥，两个转体的悬臂长度分别为97m+101m和90m+107m，最大悬臂相差17m，转体时配重1350t[25]；另外，滨莱高速公路改扩建工程上跨铁路桥为保证既有高速公路半幅通行，转体桥梁两侧长度非对称，为41m和32m，转体施工时配重960t[26]；唐山二环路上跨津山铁路等既有铁路立交桥为 34m+81m+115m 预应力混凝土独塔斜拉桥，考虑到称重需要顶升力较大，为解决称重难题，先在主跨侧按理论配重 170t，使桥梁纵向理论上达到平衡状态再进行称重[27]。由上述可见，由于桥墩两侧梁体上具备配重条件，对于纵向不平衡的情况一般可通过设置平衡配重解决。

2. 结构尺寸或材料差异调平

转体结构桥墩两侧悬臂长度不同时，利用两侧梁结构材料差异或结构尺寸差异进行平衡。在建的广州市增城区新新公路跨广深铁路桥为 114m+96m 预应力混凝土矮塔斜拉桥，两侧悬臂长度不等，通过改变箱梁的腹板和底板厚度调节两侧平衡[15]；2019 年建成的吉林四平市东丰路上跨铁路立交桥为 169m+90m 独塔斜拉桥，其转体时悬臂长度为 145m+78m，悬臂长度不对称，145m 侧为钢梁，78m 侧为混凝土梁，通过两侧主梁材料不同调节平衡[28]。2019 年建成的保定市乐凯大街跨保定南站主桥为 145m+240m+110m 的三跨预应力混凝土斜拉桥，其中一个转体两侧悬臂长度为 128.6m+135m，为了两侧平衡，利用腹板、底板加厚形成配重[29]。

3. 球铰中心预设偏心

球铰中心设置偏心最早用于拱桥，有平衡重的拱桥转体结构一般将球铰中心偏拱脚，增大背墙或桥墩及配重重心与球铰中心的距离。而大部分球铰中心预设偏心在于解决曲线桥梁转体问题。由于曲线桥梁体重心向内弧侧偏离，外弧侧横桥向配重或桥墩横桥向配重缺乏足够的空间，导致通过平衡配重无法解决横向不平衡，为此，将球铰中心向曲线内弧侧偏离，设置预偏心，成为曲线桥梁解决横向不平衡问题的主要方法。在建的福州市义北路立交工程 141m+110m 预应力混凝土斜拉桥位于 900m 半径曲线上，该桥梁球铰中心设计横向预偏心 1.78m[12]。宁波市轨道交通 4 号线上跨杭深、萧甬铁路工程跨铁路节点桥为 68m+138m+95m 的轻轨交通连续刚构桥，桥轴线位于 350m 圆曲线上，两墩转体悬臂长度分别为 50m+50m 和 86m+86m，球铰中心分别向内弧侧设置预偏心 0.8m 和 2.2m，是至今为止预设横桥向偏心最大的转体桥梁[19]。2019 年建成的邯济铁路至胶济铁路联络线工程跨胶济客专特大桥为 120m+120m 的矮塔斜拉桥，桥轴线曲线半径 800m，球铰中心预设横桥向偏心 1.4m，而下转盘偏心 1.0m，即球铰中心与下转盘中心不一致，以减小基础尺寸[14]。2021 年建成的信阳新十八大街跨编组场大桥为 150m+150m 的钢斜拉桥[30]，桥轴线曲线半径 1000m，转体悬臂长度分别达到 144.5m+144.5m，主梁重心向内弧侧偏心 3.228m，利用上桥塔柱外偏处理，最终设置球铰中心预设横桥向偏心 0.7m，所以，桥塔和桥墩可以抵消部分主梁偏心。

4. 增设辅助多点支承转动体系

贵州水柏铁路北盘江大桥的转动体系为确保转体过程中结构稳定，将重心调至重心转轴靠后 15cm，通过设置在上转盘后的两个钢撑脚形成三点支承体系，形成了多点支承转体体系，通过撑脚支承和球铰支承，改单点支承为多点支承，有利于转体结构稳定平衡，但一般用于偏心较小或由于施工误差导致的不平衡情况。2017 年建成的武汉市常青路（青年路—三环线）跨铁路主桥转体桥梁，跨径为 95m+105m，但转体长度为 43.8m+91.4m，属于严重不平衡状态，该桥创造性地采用了球铰结合齿轮齿轨传动的多点支承转体系统[31,32]。2023 年建成的襄阳市环线提速改造工程跨襄阳北编组站大桥同样也采用了球铰结合齿轮齿轨传动的多点支承转体系统[33]。

1.3 曲线桥梁的平转施工

随着交通建设的发展，桥梁线形越来越复杂，曲线桥梁建设数量也越来越多，跨径越来越大，桥梁形式也日益多样化。平转施工的曲线桥梁既要考虑纵向不平衡，也要考虑横向不平衡，给转体施工带来了较大的挑战。

根据表 1-1 所示的近年来的平转施工桥梁的统计中，曲线桥梁的占比大幅增加。曲线梁重心向内侧偏移，导致梁体重心线与桥墩重心线不重合，引起转体结构重心向内侧偏心，所以普遍存在横桥向不平衡问题。与纵向不平衡不同，横桥向由于直接配重的空间不足，一般很难进行直接配置横桥向平衡重，所以通过横向预设偏心成为主要的平衡处理方式。转体结构偏心与主梁曲线半径、转体长度、桥墩高度等均相关。主梁曲线半径越小，偏心越小，而转体长度越长，其偏心也会增大，而桥墩重力一般可以减小偏心，桥墩越高、越重，对于减小偏心有利。

表 1-2 为平转施工的曲线桥梁（梁式桥和斜拉桥）一览。宁波市轨道交通 4 号线高架区段上跨杭深、萧甬铁路工程节点桥（后文简称"宁波市轨道交通 4 号线跨铁路转体桥"）曲线半径 350m，两个转体结构长度分别为 100m 和 172m，对应圆心角为 16.4°和 28.2°，球铰预偏心分别为 0.8m 和 2.2m，是至今为止横向预偏心最大的转体桥梁；宝鸡蟠龙塬上塬路上跨陇海铁路立交桥曲线半径 250m，转体长度 149.8m，对应圆心角 34.3°，球铰预设横向 1.7m，是目前曲线半径最小、对应圆心角最大的转体桥梁。衡量曲线转体结构偏心的主要参数是曲线半径和转体长度，分别为负相关和正相关，为此，以转体长度与曲线半径的比值，即圆心角，作为衡量偏心程度的参数更合理。

由于通过设置球铰横桥向预偏心解决曲线线形带来的横向不平衡问题，转体施工的曲线桥梁需要从设计和施工两个方面协同综合考虑，本书将以连续刚构桥梁为例，系统介绍平转施工曲线桥梁的设计和施工的关键技术要点。

表 1-2 平转施工曲线桥梁一览（以曲线半径排序）

序号	桥名	桥跨布置 /m	桥型	曲线半径 /m	转体结构圆心角/(°)	转体吨位 /t
1	沈阳四环快速路跨越京哈铁路特大桥	80+80	连续刚构	3000	3.0	13500
2	郑万高铁跨越既有京广高铁转体T构桥	73+73	T构	2500	3.2	10000
3	京秦高速公路大秦铁路分离式立交桥主桥	70+70	T构	1815	4.1	9600
4	集包铁路第二双线霸王河特大桥	60+100+60	连续梁	1600	3.5	5500
5	北京门头沟国道109新线安家庄特大桥（左幅）	248.95+248.95	钢桁斜拉桥	1600	17.8	15570
6	北京门头沟国道109新线安家庄特大桥（右幅）	171.95+171+75.25	连续钢桥	1500	13.1	9320
7	共安大桥	70.7+125+70.7	连续刚构	1500	4.7	14510
8	郑万高速铁路跨郑西高速铁路桥梁	(32+138)+(138+32)	斜拉桥	1400	10.5	16500
9	西柏坡高速田家庄互通转体T构桥	67+67	T构	1100	6.7	11066
10	信阳新十八大街新编组场大桥	150+150	斜拉桥	1000	16.6	18000
11	福州市义北路立交工程（在建）	141+110	斜拉桥	900	15.2	50000
12	宿淮线跨京沪铁路特大桥	56+56	T构	800	7.2	2790
13	京通疏解线特大桥	40+56+40	连续梁	800	3.9	3500
14	武汉长丰大道工程跨汉宜、汉丹铁路高架桥	55+90+90+55	连续梁	600	8.4	14500
15	南宁至玉林高铁那蓼特大桥	48+80+48	连续梁	600	7.3	8000
16	荆门国道347线上跨长荆铁路立交桥	30+60+50	连续梁	500	11	11000
17	北京地铁14号线跨丰沙铁路高架桥	84+84	T构	470	19.5	7083
18	宁波市轨道交通4号线上跨杭深、萧甬铁路工程节点桥	68+138+95	连续刚构	350	16.4/28.2	8000/15000

第 2 章

曲线梁 T 构的重心偏离分析

2.1 曲线板恒载重心的偏离分析

曲线线形使得曲线连续刚构桥梁受力变得复杂,对于曲线转体结构来说,曲线导致转体结构在横桥向不平衡,成为偏心受力结构。为深入了解曲线大悬臂 T 构的弯扭受力状态(偏心状态),本章首先从理论上解析恒载重心位置,分别从曲线板、等截面曲线箱梁等特定情况,提出重心位置的解析解。

1. 曲线板恒载重心相对于剪力中心的偏心距

即使是横截面完全对称的曲线梁桥,其恒载重心相对于梁的剪力中心也存在偏心。首先来看一个矩形截面、厚度均匀的曲线形板,其截面形心即截面的剪力中心,如图 2-1 所示。

设剪力中心线(截面形心线)半径为 R_0,板宽为 B,沿半径方向截取微小梁段(对应圆心角为 $\mathrm{d}\alpha$),其平面形状可以视为等腰梯形。梯形重心到外弧侧边缘距离为

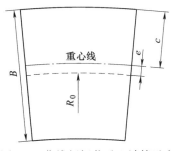

图 2-1 曲线板恒载重心计算示意

$$c = \frac{\left(R_0 + \dfrac{B}{2}\right)\mathrm{d}\alpha + 2\left(R_0 - \dfrac{B}{2}\right)\mathrm{d}\alpha}{3\left[\left(R_0 + \dfrac{B}{2}\right)\mathrm{d}\alpha + \left(R_0 - \dfrac{B}{2}\right)\mathrm{d}\alpha\right]}B = \frac{1}{2}B - \frac{1}{12R_0}B^2 \tag{2-1}$$

梯形重心相对于剪力中心的偏心距为

$$e = \frac{B}{2} - c = \frac{1}{12R_0}B^2 \tag{2-2}$$

由此可见,曲线板恒载重心线与剪力中心线之间的偏心距 e 与板宽平方成正比,与中心线曲率半径成反比。

2. 曲线板段的恒载重心位置

如图 2-2 所示等截面曲线板段,曲线对应的圆心角为 θ,剪力中心线曲梁半径 R_0,其曲线板重心线与剪力中心线的偏心距离为 e。为了计算曲线板重心位

置，建立如图 2-2 所示的重心线曲梁及坐标系 xOy，重心线曲率半径 R。

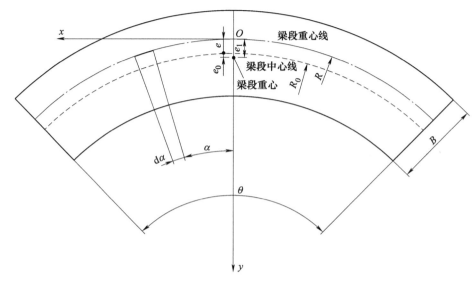

图 2-2　曲线板段恒载重心位置计算示意

其中任意微单元对 x 轴取矩为

$$Rd\alpha\left[\frac{R}{2}d\alpha\sin\alpha + R(1-\cos\alpha)\right] \approx R^2(1-\cos\alpha) \tag{2-3}$$

其重心位置偏离梁重心线距离 e_1 为

$$e_1 = \frac{R^2\int_0^{\frac{\theta}{2}}(1-\cos\alpha)d\alpha}{\frac{\theta}{2}R} = R\left(\frac{\frac{\theta}{2}-\sin\frac{\theta}{2}}{\frac{\theta}{2}}\right) \tag{2-4}$$

其中，$R = R_0 + e$。

图 2-3 所示为式（2-4）所得 e_1/R 与 $\theta/2$ 的关系，说明 θ 越大，e_1 越大。

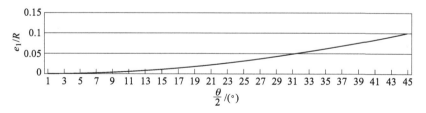

图 2-3　e_1/R 与 $\theta/2$ 的关系

重心位置距离板段剪力中心线的距离 e_0 为

$$e_0 = e_1 - e$$
$$= R_0 - \frac{2(R_0 + e)\sin\frac{\theta}{2}}{\theta} \quad (2\text{-}5)$$

3. 曲线板 T 构的恒载重心位置

若以曲线板段剪力中心线中点下（曲线板段截面中心）为中心，竖直方向设置等截面桥墩，设曲线板段重力为 G_1，桥墩重力为 G_2，如图 2-4 所示，该桥墩与曲线板组成的 T 构的重心位置偏离剪力中心的距离为

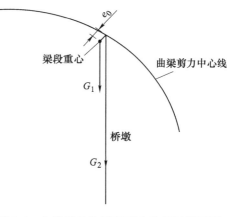

图 2-4　曲线板 T 构恒载重心位置计算示意

$$e_0' = \frac{G_1}{G_1 + G_2}\left[R_0 - \frac{2(R_0 + e)\sin\frac{\theta}{2}}{\theta}\right] \quad (2\text{-}6)$$

由此可见，桥墩重力减小了整个 T 构的偏心距，且桥墩高度越高、重量越大，就越能够抵消曲线线形导致的偏心距。

2.2　曲线箱梁恒载重心的偏心距

1. 等截面曲线箱梁的恒载重心位置

箱梁是横截面比较复杂的截面形式，如图 2-5 所示等截面单室箱梁，其截面重心可以简略地分为顶板、腹板（含梗腋）和底板三部分，可按三部分分别计算重心位置后合成。

顶板重心位置距离剪力中心线的距离 e_{0t} 为

$$e_{0t} = R_0 - \frac{2(R_0 + e_t)\sin\frac{\theta}{2}}{\theta} \quad (2\text{-}7)$$

底板重心位置距离剪力中心线的距离 e_{0b} 为

$$e_{0b} = R_0 - \frac{2(R_0 + e_b)\sin\frac{\theta}{2}}{\theta} \quad (2\text{-}8)$$

其中，$e_t = \dfrac{1}{12R_0}B_t^2$，$e_b = \dfrac{1}{12R_0}B_b^2$。

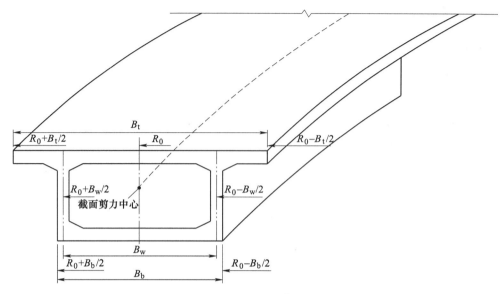

图 2-5 等截面曲线箱梁示意图

由于腹板厚度较小，双腹板重心位置距离剪力中心线的距离 e_{0w} 可以简化为

$$e_{0w} = R_0 - \left(2R_0 + \frac{B_w^2}{2R_0}\right)\frac{\sin\frac{\theta}{2}}{\theta} \tag{2-9}$$

其中，B_t 为顶板宽度，B_b 为底板宽度，B_w 为单室箱两腹板中心距离。

箱梁的重心为

$$e_0 = \frac{\sum G_i e_{0i}}{\sum G_i} = \frac{G_t e_{0t} + G_b e_{0b} + G_w e_{0w}}{(G_t + G_b + G_w)} \tag{2-10}$$

其中，G_t 为顶板自重，G_b 为底板自重，G_w 为单室箱两腹板自重。

2. 曲线箱梁 T 构的恒载重心位置

对于一般的曲线箱梁 T 构，若以箱梁剪力中心线中点下（曲线箱梁截面中心）为中心，竖直方向设置等截面桥墩，设曲线箱梁重力为 G_1，桥墩重力为 G_2，若桥墩重心线与墩顶箱梁截面剪力中心线重合，则该桥墩与曲线箱梁组成的 T 构的重心位置偏离剪力中心的距离为

$$e_0' = \frac{G_1 e_0}{G_1 + G_2} \tag{2-11}$$

由此可见，桥墩重力减小了整个 T 构的偏心距，且桥墩重量越大，就越能够减小曲线线形导致的偏心距。

2.3 考虑桥墩弯曲变形的曲梁 T 构恒载重心的附加偏心距

曲线梁在弯扭耦合作用下产生弯曲和扭转变形,导致梁体重心产生一定的位移,而曲线大悬臂 T 构会导致桥墩向曲线内侧挠曲,两者叠加将进一步加剧重心向曲线内侧移动,桥墩高度越高,挠曲变形越大,影响越突出。所以,考虑弯扭变形后曲梁 T 构的恒载重心偏离需要重点关注。

以等截面曲线箱梁为例,如图 2-6 所示,由于梁体重心与桥墩轴线不重合,导致曲线箱梁 T 构的桥墩产生向曲梁弧线内侧的弯曲变形,变形导致桥墩重心向曲线内侧偏离 Δ_p,桥墩轴线顶(箱梁底中点)向内侧偏离 Δ_1,因桥墩弯曲导致箱梁扭转角为 θ。

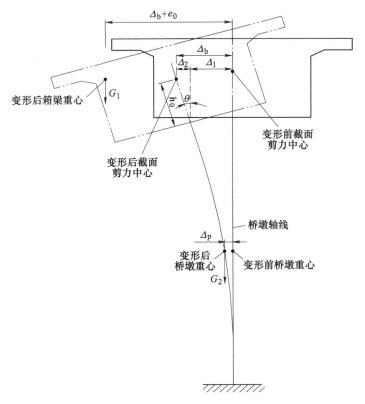

图 2-6 桥墩弯曲引起箱梁变形示意图

由图 2-6 可见,若不计箱梁自身弯扭变形,仅考虑桥墩弯曲变形引起的箱梁刚体扭转,曲线箱梁 T 构考虑桥墩弯曲变形后的重心偏离为

$$e_0' = \frac{G_1(\Delta_b + e_0) + G_2\Delta_p}{G_1 + G_2} \quad (2\text{-}12)$$

式中 Δ_b——墩顶箱梁截面剪切中心因桥墩弯曲产生的横向水平位移，$\Delta_b = \Delta_2 + \Delta_1$；

Δ_p——桥墩重心因桥墩弯曲产生的横向水平位移；

Δ_1——桥墩墩顶因桥墩弯曲产生的横向水平位移；

Δ_2——桥墩重心因桥墩弯曲引起箱梁刚性转动引起的剪切中心的横向水平位移，$\Delta_2 = h_0 \sin\theta$，$h_0$ 为截面剪切中心距梁顶距离。

当桥墩高度越高时，桥墩因箱梁重心偏离导致的弯曲变形越大，则对曲线梁 T 构的偏心距影响越大。

2.4　小结

曲线连续刚构（连续梁）桥转体施工以曲线 T 构形式转动，由于平面曲率的存在，曲线梁体的重心线与桥墩几何中线形成偏离，导致了曲梁 T 构在转体时面临横桥向不平衡力矩的影响，这是曲线连续刚构（连续梁）桥转体施工的关键。基于此，本章从曲线板、曲线箱梁到曲梁 T 构，系统推导了曲线 T 构的重心偏离的解析计算。

根据以上分析，曲线梁大悬臂 T 构的恒载重心位置取决于以下四个方面：

1）曲线梁的恒载重心线向外弧侧偏离梁的剪力中心线，曲率半径越小，偏离越大，梁的宽度越大，偏离越大。

2）曲梁重心位置位于恒载重心线的内侧，梁的中心角越大，向内侧偏离越大。

3）桥墩重量（重心线与梁截面剪力中心轴重合）可以使得 T 构重心向剪力中心线偏离（减小偏心），桥墩越高，桥墩重量越大，恢复偏心的作用越明显。

4）曲线箱梁重心偏向内弧侧，引起曲梁 T 构桥墩产生横向弯曲，进一步加剧 T 构重心向内弧侧偏离，当桥墩比较高时，这种偏离不容忽视。

所以，转体施工曲线连续刚构在转体时为曲线大悬臂 T 构状态，T 构的重心位置是转体施工需要高度关注的因素，而影响曲线梁转体重心位置的主要因素包括曲线半径、梁宽、T 构曲梁的中心角、桥墩重心及重量等，其中圆心角是影响重心向内弧侧偏离的核心要素，圆心角越大，偏离越大。

第 3 章

平转施工转体系统与偏心状态分析

3.1 平转施工转体系统

3.1.1 转体系统组成与类别

桥梁水平转体施工的转动系统即实现水平转体施工设置的有关支承、牵引和平衡的集成系统，包括转动支承系统、平衡系统、转动牵引系统，转体系统的设计应与桥梁结构设计相匹配。

1. 转动支承系统

转动支承系统为具有转动功能的临时承受转动结构重量，并兼顾平衡等功能的装置，从支承和平衡的形式来分，主要有中心支承、中心与撑脚共同支承两种类型。中心支承为由中心承压面承受转体结构全部重量的支承形式，如图 3-1 所示；中心与撑脚共同支承即由撑脚支承和中心支承共同承受转体

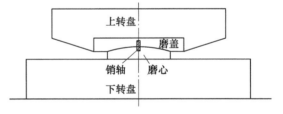

图 3-1 中心支承形式（混凝土球铰）

结构全部重量的支承形式，其中撑脚支承即在下转盘设置环道，上转盘设置撑脚，以部分撑脚支承于环道辅助承受转体结构重量，如图 3-2 所示。平转施工发展早期，由于转体结构重量小，采用中心支承方式较多，随着转体重量增大，除中心支承外，利用撑脚支承于环形滑道（环道）上，形成中心支承和部分撑脚

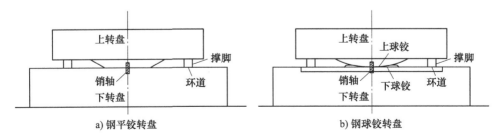

图 3-2 中心与撑脚共同支承形式

支承的稳定支承状态,既利于减小中心支承转铰受力,也利于增加转体结构在转动过程中的稳定性。单纯以撑脚作为支承的转动支承系统很少见。

转动支承系统按上下转铰接触面的形式分,有两种形式,其中一种为平铰转盘,其上下接触表面均为平面,如图3-2a所示,上盘下表面安装不锈钢板,下盘上表面装有钢板,钢板内镶嵌复合聚四氟乙烯圆板群,钢板中心设置定位销轴。

另一种为球铰,上下接触表面为球面,如图3-2b所示。球铰也有两种形状,一种下球铰为凸型、上球铰为凹形,这种一般为混凝土球铰,下球铰也称磨心,上球铰称为磨盖,如图3-1所示;混凝土球铰为便于磨心和磨盖的施工,一般采用下凸上凹形;另一种下球铰为凹形,上球铰为凸形,现多为钢制球铰,如图3-2b所示。在平转施工发展初期,因转体桥梁重量较小,我国最早的平转体系转动支承系统是钢筋混凝土球形铰,且没有中心定位轴,为避免转体过程中偏离中心,增加了中心定位销轴。混凝土球铰一般用于转体重量4000t以内的转动体系,转体重量10000t以上则须采用钢制球铰。随着加工精度的不断提高,不锈钢、四氟板等降低摩擦系数的材料的使用,转动支承系统多采用有定位轴和摩擦介质的钢制球铰,钢球铰转盘已经成为大吨位桥梁转体体系的主要转盘形式。

钢球铰下球铰安装如图3-3所示,上球铰安装如图3-4所示。

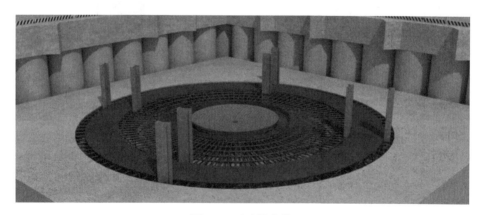

图3-3 下球铰安装

转铰结构的加工、运输及转体结构称重问题成为制约超大吨位转体桥梁发展的关键技术问题。乐凯大街保定南站主桥工程结合平铰和球铰技术特点,设计出一种适合超大吨位转体的装配式球面平铰。这种转铰具有以下特点[29]:

1)上下铰配合后的整体外形与平铰结构类似。由上下两块厚钢板机加工而成,加工简便,转铰质量有保证,钢材用量小,环境友好。

图 3-4 上球铰安装

2) 上下铰接触面加工成大半径球面，使得整个铰结构兼具平铰和球铰优点。由于球面半径比较大，转体过程稳定性相比普通球铰更好。转体过程中，接触面为球面，自身也具有偏心调节能力，在偏心荷载作用下，转铰受力依然比较均匀，与撑脚配合较好；转体后具有姿态调整能力，仅千斤顶顶力相对较大。

3) 分块可拆装设计，可根据需要对平铰进行拆分和重装，解决大吨位转铰运输和安装难题。分块多可综合考虑工厂加工能力、运输能力、运输路线的限制要求等综合确定。

2. 平衡系统

平衡系统为防止结构倾覆而专门设计的包括撑脚、环道、中心销轴等设置的临时装置的组合，同时，保持转体结构平衡还包括结构自重、平衡配重以及球铰摩阻力等平衡荷载。早期的平衡系统采用上盘周围安装钢轮作平衡支承，后逐渐发展为支承于环道上的钢筋混凝土撑脚或钢管混凝土撑脚，混凝土强度等级不小于 C50。撑脚均匀布置在上转盘周边，撑脚中心对应于环道中心，环道采用环形布置，在撑脚和环道之间垫四氟滑板。

3. 转动牵引系统

转动牵引系统提供转体转动动力。它由牵转动力装置和锚碇、牵转索具及其锚固端、导向装置等构成。早期采用电动卷扬机作为牵转动力装置，牵转索具为钢丝绳滑轮组，并在外环设置助推千斤顶协助顶推，后期牵转动力装置发展成连续千斤顶，牵转索具也发展成钢绞线束，如图 3-4 所示，安装完成后的转动牵引系统如图 3-5 所示。

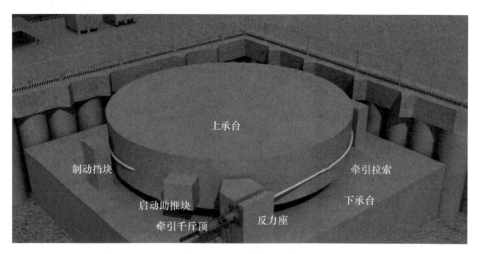

图 3-5 转动牵引系统

3.1.2 齿轮驱动多点辅助系统

为解决严重不平衡桥梁的转体问题,武汉市常青路跨铁路主桥转体桥梁(2017年建成),创造性地采用了球铰结合辅助支承多齿轮传动转体系统。该桥梁为95m+105m的连续钢箱梁,采用墩顶平转施工法。受转体施工场地限制,转体所需空间被建筑物占用,故而采用43.8m+91.4m不对称结构墩顶转体,以避开拆迁房屋,保障现状穿铁路箱涵的地面道路交通功能体系。为保证转体平衡,一方面在短悬臂端进行部分配重,另一方面在左右幅长悬臂梁底距离中心球铰半径26.884m处各设置一个辅助支承系统,形成三点支承体系[32,34],如图3-6所示。

辅助支承系统构造如图3-7所示。辅助支承系统支承于弧形的轨道梁支承平台上,由滚轮小车支承、齿轮驱动系统和电气控制系统三部分组成。由双排短滚子结构滚轮小车、台车架和钢管混凝土支承柱组成滚轮小车支承系统,作为转体过程的辅助支承,支承力设计按每处不大于10000kN考虑。由变频电动机、行星减速机、减速机架、驱动齿轮、齿条、导向轮组成齿轮驱动系统。减速机架与台车架铰接,使两者既连接成整体,又能绕铰中心的径向做±10mm的游动。减速机装在减速机架上,为确保转动时齿轮与弧形齿条的啮合中心距不变,减速机架装有导向轮,以弧形齿条内圆面为导向面,以适应安装误差。电气控制系统由供配电及保护系统、PLC(可编程逻辑控制器)控制系统、变频驱动系统、状态监控系统及安全保护系统组成,设操作面板和人机界面。

转动时,除常规牵引上转盘转动的千斤顶牵引系统,在辅助支承系统上,利用电动机带动驱动齿轮转动,再通过弧形轨道上齿条的传动,带动滚轮小车和梁体转动,所以该系统不但提供辅助平衡的支承,也同时提供辅助牵引,避免了因辅助支承摩阻力导致摩阻力矩增大问题,该系统具有运行连续、启动冲击小、运

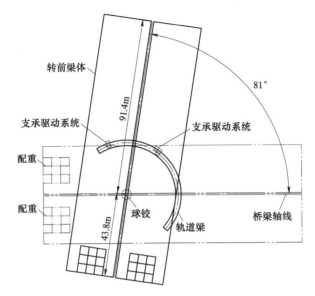

图 3-6 以球铰和辅助支承共同支承的转体平面图

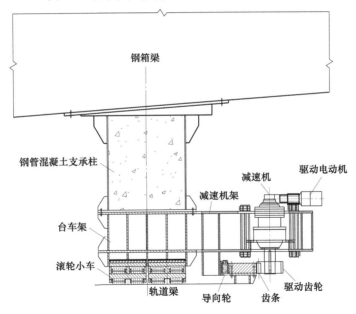

图 3-7 辅助支承系统构造

行平稳、对施工精度容差大等优点,为严重不平衡转体提供了解决方案。

在襄阳市环线提速改造工程跨襄阳北编组站大桥(2023年建成)上,该系统经二次创新改进后,成为球铰与齿轮齿轨传动辅助系统相结合的多点支承转体系统,应用于该桥转体重量30600t、32000t的两个转体结构上。该桥为双塔混合梁斜拉桥，墩梁固结体系，跨径布置为（200+294）m+（226+200）m 的两组独塔斜拉桥，桥梁跨越襄阳北编组站 32 股道，主跨为钢-混组合梁，边跨为格构式混凝土梁。主跨跨越汉丹、焦柳正线的梁段采用先支架拼装然后转体的工艺进行施工，转体就位后悬拼施工剩余梁段。T3 转体结构为：桥塔至梁面以上塔高 73m 处，边跨混凝土梁长 51m，主跨钢-混组合梁长 71.75m，转体重量 30600t，顺时针转体 77°。T5 转体结构为：桥塔至梁面以上塔高 73m 处，边跨混凝土梁长 49m，主跨钢-混组合梁长 71.75m，转体重量 32000t，顺时针转体 84°。转体结构理论上两侧平衡，因考虑到转体结构重心高、重量大，故而在常规中心支承形式基础上，增加了设置于环形滑道上的齿轮齿轨传动辅助支承系统[33]。球铰结合齿轮齿轨传动多点支承转体系统如图 3-8 所示。

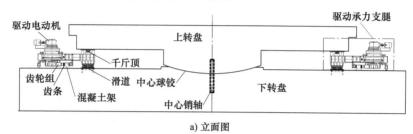

a) 立面图

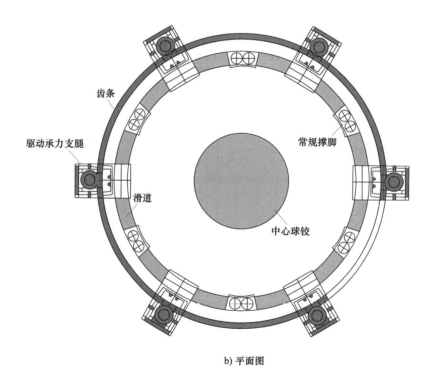

b) 平面图

图 3-8 球铰结合齿轮齿轨传动多点支承转体系统

与常规中心与撑脚支承的系统相比，设置于外围的多点支承系统上增加了齿轮传动，改变了撑脚支承只能作为平衡保护作用的局限性，通过辅助支承系统可以主动承担支承力，减小球铰受力，同时通过齿轮传动牵引克服因此而导致的摩阻力矩增大的问题。与前述针对极不平衡转体结构的辅助支承系统不同，这种辅助支承转动系统不是为了解决结构不平衡问题，而是为了减小球铰受力，所以其辅助支承系统仍在上下转盘范围的环形滑道上，无需另外设置轨道梁。

齿轮驱动多点辅助系统为解决超大吨位转体施工和不平衡转体提供了新思路。

3.2 转体结构平转过程稳定状态

本节详细分析平转施工过程中转体结构的稳定平衡状态，这是转体系统的关键。

3.2.1 球铰转体结构倾覆稳定分析

转体施工过程中转体结构的稳定性来自于另一个方向的力矩平衡。理论上，将转动结构重心落于球铰平转中心轴上，是转体平衡的理想状态，但实际上这种理想状态几乎不可能实现。所以，当转体结构重力线与球铰平转中心轴不重合时，则转体结构重力对球铰中心线形成倾覆力矩，从而产生倾覆的趋势。由此，球铰转体结构有如下几种平衡状态[35]。

1) 当转体结构因重力偏心产生倾覆趋势时，上下球铰接触面之间的静摩阻力对于球铰球心产生的摩阻力矩，成为防止转体结构倾覆的第一种抵抗力矩，当倾覆力矩小于抵抗力矩时，转体结构可形成第一种平衡，即中心支承平衡。所以，转体结构上下球铰之间未产生滑动，转体施工即为中心支承转体。

2) 当倾覆力矩超过上下球铰接触面的静摩阻力矩时，转体结构沿球铰滑动面产生绕球铰的球心滑动，这种导致上下球铰面产生滑动的倾覆失稳状态即第一类失稳状态，如图3-9a所示，这种转动称为"竖向转动"。竖向转动导致撑脚支承于滑道上，若球铰尚不至于脱空，则形成了第二种平衡状态，即中心支承与撑脚支承相结合的平衡状态，这种平衡状态下的转体即中心与撑脚共同支承的转体。

3) 而当倾覆力矩过大时，产生上下球铰脱空，使失稳形式由球铰面竖向转动失稳发展为绕撑脚支点转动失稳，即第二类失稳状态，如图3-9b所示。该失稳模式属于刚性整体倾覆失稳，即以撑脚为支点发生转体结构整体转动，从而导致转体结构倾覆失稳。

上述分析可见，第一类失稳的临界抗倾覆力矩为球铰绕球心的最大静摩阻力矩，当转体结构的倾覆力矩小于该临界抗倾覆力矩时，转体为中心支承转体；第

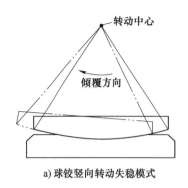 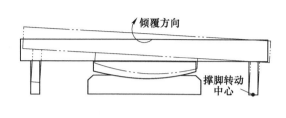

a) 球铰竖向转动失稳模式　　　　　　b) 撑脚支点转动失稳模式

图 3-9　转动体系失稳模式

二类失稳的临界抗倾覆力矩主要是最大撑脚支承力矩，需要撑脚可提供较大的支承力，所以，一般需首先进行撑脚受力验算。

当转体结构和球铰构造确定后，由于绕球铰球心的摩阻力矩是客观存在的固定值，该摩擦力矩可以允许转体结构存在一定的偏心距，而第二种平衡状态时，通过适当的撑脚受力支承，可允许转体结构有更大的偏心距，而且，中心与撑脚支承相结合，可以使得转体结构更加稳定。所以，尽管理论上要求转体结构重心与球铰中心轴重合，但实际上，在保证转体结构稳定且转体能顺利进行下，转体结构允许有一定的偏心，为控制施工偏差和结构平衡状态设计提供了便利。

3.2.2　转动结构平转受力分析

以中心球铰和撑脚支承相结合的转体方式为例，在平转过程中，转体结构通过上球铰绕球铰中心轴在下球铰中转动，这种转动方式以下称为"水平转动"。平转时转动结构受力模式如图3-10所示。转动过程中，上下球铰之间接触面上产生摩阻力，从而形成对转铰中心轴的摩阻力矩 M_f；设置于上承台的牵引力 T 对转铰中心产生转动力偶 TD；各撑脚支承力产生的摩阻力矩 $N_c f' R'$，三者平衡后即产生平稳匀速的转动。

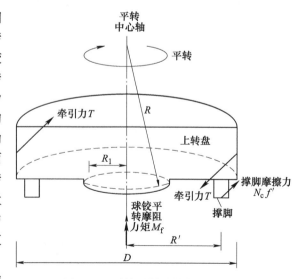

图 3-10　平转时转动结构受力模式

根据上述分析，中心与撑脚共同支承下，平转时转动体系力矩平衡方程式为：

$$TD = M_f + N_c f' R' \tag{3-1}$$

式中　T——牵引力；

　　　D——牵引力偶臂；

　　　M_f——平转的球铰摩阻力矩；

　　　N_c——撑脚支承等效集中力；

　　　f'——撑脚摩擦系数；

　　　R'——环形滑道中心半径（撑脚中心距平转中心轴距离）。

式（3-1）体现了中心与撑脚共同支承系统在抗倾覆平衡与平转匀速转动平衡的统一。式中 M_f 为平转时球铰摩阻力对转动中心轴的合力矩，其中的球铰支撑力和撑脚支承等效集中力 N_c 均通过抗倾覆平衡求得，所以两种平衡互相影响，又统一于转体的安全顺畅。平转施工时，牵引力大小主要受球铰平转摩阻力矩和撑脚摩阻力矩两部分影响，撑脚支承力虽然可以辅助球铰受力，但由于撑脚距离平转中心轴距离较大，撑脚支承力过大将会导致过大的牵引力要求，甚至导致无法完成转动。所以，在中心球铰和撑脚共同支承的转体结构中，中心球铰的支承力仍占主要地位。早期在转体施工时，利用撑脚位置设顶推千斤顶辅助转体或启动以减小牵引力，而齿轮驱动多点辅助系统则通过齿轮驱动解决辅助支承上的辅助转动力矩，可以减小球铰支承力，满足超大吨位转体施工要求。

值得注意的是，撑脚支承于滑道使得转体时撑脚和滑道之间产生摩擦力，由于撑脚与转动中心轴距离较大，产生摩阻力矩也会较大，从而引起过大的转动牵引力，甚至阻碍转体施工，所以控制偏心状态不仅仅要控制不产生转体结构绕撑脚转动倾覆，也需控制撑脚支承力不至于引起过大牵引力导致转动困难，同时还需进行撑脚受力验算。

3.3　曲线连续刚构桥转体结构偏心状态

确保转体结构在转动前、中、后均能稳定，且转动过程平稳快速准确，是决定桥梁转体成败的关键，也是转体桥梁设计施工的重点，而问题的核心就在于转体结构重心与转动中心之间的偏心状态是否满足抗倾覆稳定需要，且能保证转体顺利进行。

3.3.1　直线连续刚构桥转体结构的空间状态

在不受建设环境条件影响，且路线设计允许的前提下，大跨径连续刚构桥一一般为直线对称结构。无论转体结构采用悬臂浇筑施工还是支架现浇施工，理论上均对称于桥墩的中线。以悬臂浇筑施工后转体合龙为例，对称直线连续刚构桥施工过程见表3-1。

由表3-1可知，转体结构为对称直线T构，其理想状态对称于桥墩顺桥向和横桥向的中心线，理论上均无偏心。但在实际工程中，由于各种施工误差及结构在理论和实际上的差异，导致转动结构重心线偏离球铰中心轴线。且因大跨度桥梁宽度远小于悬臂长度，所以，偏心一般以顺桥向为主。

表3-1 对称直线连续刚构桥施工过程

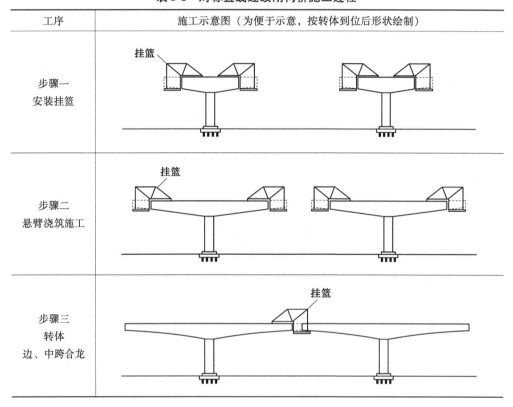

一般情况下，连续刚构桥建造过程中存在许多误差，导致梁体重心线与球铰中心线不重合，如图3-11所示。主要的误差包括：

1）球铰制造、运输以及球铰安装过程中的各种制作和安装误差，导致球铰接触面不平整、球铰中心与理论中心之间的施工偏差，以及上下球铰面之间在平面和水平程度上的安装误差等。

2）桥墩施工误差导致重心线偏离。

3）梁体混凝土浇筑过程中由于材料不均匀、边中跨普通钢筋布置不对称、

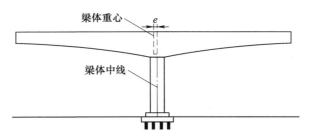

图 3-11 T 构偏心受力示意

模板安装误差、混凝土浇筑误差等导致产生的施工误差。

4）测量桥面标高时产生的测量误差导致的顶板厚度误差。

5）转体过程中施工荷载及风荷载等因素对梁体产生的影响，使整个转动体系变成偏心受力状态等。

上述误差累计导致转动体系在纵向及横向上均可能存在偏心距，但主要以纵向偏差为主。为了了解施工误差导致的偏心状态，转体施工前，通常会采用不平衡称重试验来确定顺桥向偏心距，并通过配重方式来平衡偏心距，达到转体稳定的目的。

3.3.2 转体施工偏心状态称重与调整

由上述分析可见，实际施工过程中转动体系都可能存在顺桥向偏心距，一般情况下，通过配重使得其平衡状态调节至可接受范围内，常见的配重后转体偏心距理想范围在 5~15cm。参考《桥梁水平转体法施工技术规程》（DG/TJ 08-2220—2016）[36]，为了确保转体平稳、顺利、安全地进行，转体前需进行不平衡称重试验，以清楚了解转动体系在转动前的偏心状态，测试转动部分的不平衡力矩、偏心距、摩阻力矩及球铰静摩擦系数等参数，确定在转体过程中是否需要配重。根据称重试验结果，当转体结构的不平衡偏心距小于 15cm 时，可不进行平衡配重。

不平衡称重试验内容包括：

1）转动体系横桥向与顺桥向不平衡力矩测试。

2）球铰摩阻力矩与静摩擦系数。

不平衡称重的主要方法包括转动球铰法、墩柱不平衡应力法、梁端挠度法等。其中墩柱不平衡应力（应变）法只能测不平衡力矩，无法求得球铰的静摩阻力矩，配重时无法考虑静摩阻力矩的影响，当静摩阻力矩较大时，转体配重结果会产生较大误差。而且不平衡力矩测试依赖于墩底截面处应力测试结果，对应力测试精度要求较高，所以实际应用有待进一步研究。梁端挠度法只适用于支架现浇施工的桥梁，对于悬浇法施工的桥梁则无法应用，实际应用程度也有限。

最常用的不平衡称重方法为转动球铰法。利用球铰静摩擦力大于滑动摩擦力的原理，将转体上部整体视作刚体，在上、下球铰之间安置称重千斤顶，通过顶升，转体结构将会绕着球铰在垂直面上做刚体转动，当转体结构发生位移突变时，转体结构正好处于顶升力矩、不平衡力矩、摩阻力矩三者相互平衡的临界状态。此时，根据静力平衡方程可求得相关参数。称重试验时，在T构悬臂两侧上转盘底部布置4台千斤顶，用以对转体结构进行顶放，每台千斤顶上布置荷重传感器以测定实际支承力大小，在球铰上转盘四周对称布置4个百分表以观测称重过程中的微小转动。

当解除临时固结后，根据转体结构不平衡力矩和球铰摩阻力矩的大小关系，形成如下两种状态：

1）球铰摩阻力矩 M_Z 大于转体结构不平衡力矩 M_G。此时，转体结构不会发生绕球铰中心的刚体转动。转体结构不平衡力矩和球铰摩阻力矩构成体系平衡。

2）转体结构不平衡力矩 M_G 大于球铰摩阻力矩 M_Z。此时，转体结构向着偏心矩方向发生刚体转动，直至撑脚支承于滑道参与工作，形成多点支承。撑脚支承力矩、球铰摩阻力矩与转体结构不平衡力矩三者构成体系平衡。

按两种不同的状态进行称重试验。

1. 转体结构球铰摩阻力矩大于转体结构不平衡力矩

由于转体结构球铰摩阻力矩 M_Z 大于转体结构不平衡力矩 M_G，转体结构不发生绕球铰的刚体转动，体系的平衡由球铰摩阻力矩和转体结构不平衡力矩所保持。此时不平衡称重试验可选择球铰1侧顶升千斤顶，并记录顶升过程中荷重传感器值和2侧位移计读数，如图3-12a所示，当顶升力矩 P_{1S} 增加到球铰摩阻力矩 M_Z 与转体结构不平衡力矩 M_G 之和时，转体结构呈临界状态，继续稍微增大一点顶升力矩时，球铰静摩阻力变为动摩阻力，梁体绕球铰发生刚体转动。假设偏心距 e 偏向2侧，此时平衡方程为

$$P_1 L_1 = M_Z - M_G \tag{3-2}$$

式中 P_1——沿纵轴线1侧千斤顶顶升过程中使球铰产生微小转动瞬间的顶力；

L_1——顶升力至球铰中心处力臂长度；

M_G——转体结构不平衡力矩；

M_Z——球铰摩阻力矩。

然后从转体结构2侧顶升，如图3-12b所示，得到临界顶升力 P_2，平衡方程为

第3章 平转施工转体系统与偏心状态分析

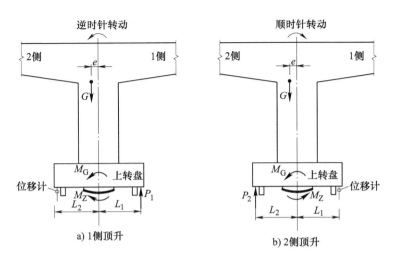

图3-12 球铰摩阻力矩大于转体结构不平衡力矩时顶升示意图

$$P_2 L_2 = M_Z + M_G \tag{3-3}$$

式中 P_2——沿纵轴线2侧千斤顶顶升过程中使球铰产生微小转动瞬间的顶力；

L_2——顶升力至球铰中心处力臂长度。

由于

$$M_G = Ge \tag{3-4}$$

式中 G——转体结构重量。

结合式（3-2）、式（3-3）和式（3-4）可得

$$e = \frac{P_2 L_2 - P_1 L_1}{2G} \tag{3-5}$$

$$M_Z = \frac{P_1 L_1 + P_2 L_2}{2} \tag{3-6}$$

球铰静摩擦系数 f 按下式计算

$$f = \frac{M_Z}{aRG} \tag{3-7}$$

式中 R——球铰球面半径；

a——按规范规定取1.0，根据第9.3节球铰支承转体结构的应力分析研究，该值取0.98。

根据《桥梁水平转体法施工技术规程》（DG/TJ 08-2220—2016）[36]，转体启动的牵引力为

$$T = \frac{2fRG}{3D} \tag{3-8}$$

式中 D——启动牵引的力偶臂。

2. 转体结构不平衡力矩大于转体结构球铰摩阻力矩

由于转体结构不平衡力矩 M_G 大于球铰摩阻力矩 M_Z,转体结构发生刚体转动,直至撑脚支承于滑道。称重试验只在撑脚落地侧进行千斤顶顶升。当顶升力 P_3 的力矩增加到球铰摩阻力矩 M_Z 与转体结构不平衡力矩 M_G 之和时,转体结构呈临界状态,继续稍增大顶升力,球铰静摩阻力即变为动摩阻力,转体结构绕球铰发生刚体转动,如图 3-13a 所示,假设偏心距 e 偏向 2 侧。

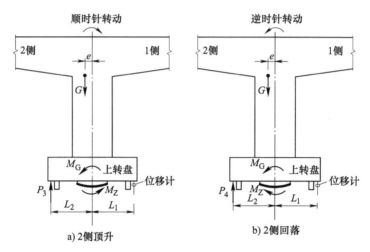

图 3-13 转体结构不平衡力矩大于球铰摩阻力矩时顶升示意图

此时平衡方程为
$$P_3 L_2 = M_Z + M_G \tag{3-9}$$
式中 P_3——千斤顶顶升过程中球铰产生瞬时转动时的顶力。

待顶升一定量程后,将顶升处千斤顶缓慢卸力回落,转体结构由转动回到静止状态。当顶升力 P_4 的力矩与球铰摩阻力矩 M_Z 之和等于转体结构不平衡力矩 M_G 时,转体结构又一次出现呈临界状态,此时继续减小顶升力,转体结构将发生刚体转动,如图 3-13b 所示。此时平衡方程为
$$P_4 L_2 = M_G - M_Z \tag{3-10}$$
式中 P_4——千斤顶回落过程中球铰产生瞬时转动时的顶力。

结合式(3-9)、式(3-10)与式(3-4),即可得
$$e = \frac{(P_3 + P_4)L_2}{2G} \tag{3-11}$$

$$M_Z = \frac{(P_3 - P_4)L_2}{2} \tag{3-12}$$

以上为不平衡称重的理论方法,一般直线桥梁主要在桥墩顺桥向两侧称重。

为应对不对称情况下的转体施工,目前常采用以下三种方式:

1) 以配重消除不平衡偏心距,这是针对不平衡问题最普遍的方式,但要视是否具备足够的空间位置布置配重而定。

2) 在大悬臂段下设置辅助墩和扇形滑道构成球铰和辅助墩两点支承,以保证平衡,实施的关键一方面在于施工环境条件是否允许设置辅助墩和环形滑道,另一方面则是由于辅助墩距离转铰中心较远,滑动时辅助墩与滑道间的摩擦力会产生较大的摩阻力矩,需要提供更大的牵引力,或在辅助墩上增加辅助顶推力或齿轮驱动力。

3) 通过转铰预设偏心克服不平衡导致的偏心距。

部分桥梁根据不平衡情况,会采取两种或两种以上的方法同时使用。

称重完成后根据转体结构不平衡力矩,确定配重调整两端的重量,使结构重心尽量和转轴中心重合,使得配重后结构的偏心距控制在 5~15cm。

通过称重如果明确偏心距为 5~15cm,则可不考虑配重;否则,需考虑配重,配重设置在偏心一侧。平衡配重计算公式为

$$G_{配} = \frac{G(e - e')}{L + e'} \tag{3-13}$$

式中　$G_{配}$——平衡配重重量;

　　　L——平衡配重中心距离转铰中心的距离;

　　　e'——配重后转体结构的偏心距(5~15cm)。

3.3.3　曲线连续刚构桥转体 T 构偏心状态分析

第 2 章分析了曲箱梁 T 构在悬臂状态时自重的偏心状况,本节将具体分析不同跨径、不同曲率半径下曲线连续刚构的偏心状态。

宁波市轨道交通 4 号线跨铁路转体桥(详细介绍见第 4 章)跨径布置为 68m+138m+95m=301m,中跨合龙口中心距两中墩分别为 51m 和 87m,中线平曲线半径为 350m,为不对称曲线连续刚构桥,两个转体 T 构的悬臂长度分别为 50m 和 86m,分别相当于 68m+102m+68m、95m+174m+95m 连续刚构的悬臂 T 构。

为考察跨径、曲率半径等参数对内力分布的影响,按照该桥的桥型布置和构造尺寸,编制成 68m+102m+68m(以下简称 102m 主跨)、95m+174m+95m(以下简称 174m 主跨)、110m+200m+110m(以下简称 200m 主跨,按相似高跨比拟定截面尺寸)三种跨径布置,曲率半径为 200m、300m、400m、500m 的曲线连续刚构进行对比分析。

首先对比以大悬臂状态合龙、一次成桥两种不同成桥方式下,以曲率半径为 300m 的 102m 主跨、174m 主跨两种连续刚构桥为例,分析内力分布规律和桥墩

偏心状态。

在曲线箱梁 T 构悬臂根部截取 A、B 截面，在墩顶截取 C 截面，形成图 3-14a 所示的曲线箱梁 T 构墩梁连接处脱离体，各截面内力图如图 3-14b 所示（图中各截面内力方向为大悬臂状态下的内力方向）。按如下规定建立如图 3-14 所示的曲线坐标系：以桥墩中心轴所在的箱梁截面形心为坐标系原点，梁中心轴线 OB 方向为 x 轴，指向圆心方向（径向）为 y 轴，竖直向下为 z 轴。截面内力的正向按如下规定：梁的弯矩 M_y 以使梁下缘受拉为正（图 3-14b 中 M_{yA} 和 M_{yB} 均为负）；梁的竖向剪力 Q 以绕 y 轴顺时针方向转动为正（图 3-14b 中 Q_A 为负，Q_B 为正）；梁的扭矩 M_x 以矢量方向与截面外法线方向一致为正，反之为否（图 3-14b 中 M_{xA} 为负，M_{xB} 为正）；墩梁轴力均以受拉为正；墩的横桥向弯矩 M_{xC} 以曲梁外弧侧的墩纤维受拉为正（图 3-14b 中 M_{xC} 为正）。

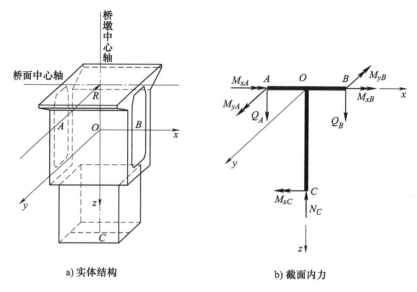

a) 实体结构　　　　　　　b) 截面内力

图 3-14　曲线箱梁 T 构墩梁实体结构及截面内力

其余内力以及墩的截面内力均以内力矢量与坐标轴方向一致为正。在不同成桥方式下曲线连续刚构桥的内力差异极大，下面是关于一次成桥和大悬臂合龙成桥两种不同成桥方式下，梁和中墩的截面内力分布情况。

1. 主梁的弯矩和扭矩

一次成桥和大悬臂合龙成桥两种不同的成桥方法下，174m 主跨和 102m 主跨连续刚构主梁弯矩 M_y、扭矩 M_x 列于表 3-2。由表可见，因大悬臂状态使得梁截面产生较大的向内弧侧扭转的扭矩，所以大悬臂状态合龙成桥方式的桥梁不但扭矩大，而且梁截面扭矩的方向和一次成桥的梁扭矩相反。

表 3-2 不同成桥方式主梁截面内力　　　　（单位：MN·m）

主跨跨径	成桥方式	大悬臂合龙成桥		一次成桥	
	施工阶段	最大悬臂状态	二期恒载后	一期恒载后	二期恒载后
174m	边跨侧悬臂端弯矩 M_{yA}	−1764.82	−2072.38	−1125.96	−2025
	中跨侧悬臂端弯矩 M_{yB}	−1764.82	−2235.57	−1506.38	−1901.75
	边跨侧悬臂端扭矩 M_{xA}	−143.62	−159.53	47.22	60.44
	中跨侧悬臂端扭矩 M_{xB}	143.62	168.56	−69.82	−90.15
102m	边跨侧悬臂端弯矩 M_{yA}	−529.26	−686.82	−303.52	−402.64
	中跨侧悬臂端弯矩 M_{yB}	−529.26	−699.29	−424.97	−584.15
	边跨侧悬臂端扭矩 M_{xA}	−25.47	−28.37	7.62	10.24
	中跨侧悬臂端扭矩 M_{xB}	25.47	30.69	−8.66	−11.47

2. 墩顶内力和变形结果

由图 3-14 可见，由于墩顶的主梁截面存在扭矩，导致梁的自重作用下在桥墩截面上产生了横桥向弯矩 M_{xC} 和横桥向偏心距 e，两种跨径的桥梁中墩顶截面内力和偏心距列于表 3-3，主要考察桥墩的横桥向弯矩 M_{xC}（此处为 A、B 两悬臂端截面扭矩之和）、轴力 N（此处为 A、B 两悬臂端截面剪力之和）以及横桥向偏心距 e。根据内力正向规定，桥墩截面偏心距 e 为正时，代表向曲线外侧方向偏心。由表可见，大悬臂合龙方式成桥的桥墩轴力向内弧侧偏心，而一次成桥方式成桥的桥墩轴力向外弧侧偏心，两者刚好相反，且大悬臂合龙成桥的桥墩偏心距远大于一次成桥的桥墩。

表 3-3 桥墩主要截面内力和位移

主跨跨径	成桥方式	大悬臂合龙成桥		一次成桥	
	施工阶段	最大悬臂状态	二期恒载后	一期恒载后	二期恒载后
174m	横向弯矩 M_{xC}/MN·m	287.24	328.09	−117.04	−150.59
	轴力 N/MN	−112.55	−134.91	−103.75	−124.20
	偏心距/m	−2.55	−2.43	1.12	1.21
102m	横向弯矩 M_{xC}/MN·m	50.94	59.06	−16.28	−21.71
	轴力 N/MN	−54.10	−69.53	−48.67	−63.22
	偏心距 e/m	−0.942	−0.85	0.334	0.343

3. 结果分析

由表 3-2、表 3-3 结果可见，两种不同成桥方法下主梁扭矩 M_x、主墩横桥向弯矩 M_{xC} 和横桥向偏心距 e 呈现出完全不一致的分布规律，具体如下：

1）大悬臂状态下，主梁重心向内弧侧偏，故而产生绕 x 轴向内弧扭转的主梁扭矩 M_{xA} 和 M_{xB}，主墩顶截面也产生向内侧的横桥向弯矩 M_{xC}，T 构整体偏心距 e 向内弧侧偏移。

2）合龙后，二期恒载作用下使得主梁扭矩 M_{xA} 和 M_{xB} 虽仍增大，但 T 构整体偏心距 e 向内侧偏移程度减小，可见二期恒载对悬臂状态主梁自重作用产生偏心效应起削弱作用，使得偏心程度得到改善。

3）一次成桥方法下主梁自重作用和二期恒载作用下，主梁扭矩 M_{xA} 和 M_{xB}，以及主墩顶截面横桥向弯矩 M_{xC} 均为产生绕 x 轴向外弧侧转动的内力矩，这与大悬臂合龙成桥法向内弧侧转动的规律相反。

4）跨径对于主梁扭矩影响较大，当跨径增大时，横桥向偏心距对于转体结构平衡和稳定影响将大幅增大。

3.3.4 曲率半径与跨径对悬臂状态偏心距的影响

为了进一步研究曲率半径与跨径对大悬臂状态曲线 T 构偏心状态的影响，在上述分析基础上，通过有限元计算，对比分析不同跨径、不同曲率半径的曲梁 T 构的梁体扭矩和桥墩墩顶偏心距。三种主跨跨径为：主跨跨径 102m（最大悬臂 50m）、主跨跨径 174m（最大悬臂 86m）、主跨跨径 200m（最大悬臂 99m）三种曲梁 T 构，四种桥梁轴线曲率半径为：200m、300m、400m、500m。

两种跨径和悬臂长度的曲线 T 构梁的扭矩分布如图 3-15 所示，图中梁扭矩 M_x 的符号见图 3-14，横坐标为计算截面与同侧悬臂根部的弧线距离，负号表示左侧悬臂截面，正号为右侧悬臂截面。

由图 3-15 可见，相同跨径和悬臂长度下，扭矩增幅呈非线性变化，曲率半径从 300m 减小到 200m 时，梁体扭矩变化较大。而跨径和悬臂长度增大时，悬臂根部扭矩增大非常显著。所以，衡量曲线梁扭矩及因此导致的曲线 T 构的偏心状态，需同时考虑跨径（悬臂长度）和曲率半径，也就是曲梁对应的圆心角，圆心角越大，扭矩越大，偏心状态越严重。

为了进一步了解不同悬臂长度、曲线半径的悬臂曲梁 T 构的墩顶偏心距，表 3-4 列出了三种悬臂长度、四种曲率半径的悬臂曲梁 T 构的圆心角（T 构全长对应圆心角）和墩顶偏心距，并以圆心角变化为横坐标、偏心距 e 为纵坐标，绘出图 3-16 所示的关系图。

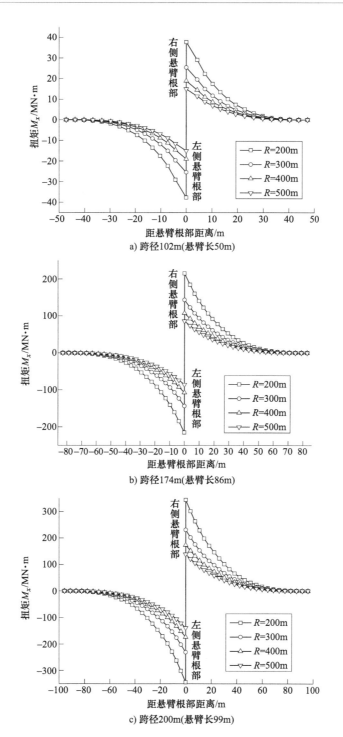

图 3-15 两种跨径的悬臂 T 构的在不同曲率半径下的梁体扭矩

表 3-4　不同悬臂长度、曲线半径 T 构的圆心角与偏心距 e 关系

悬臂长/m	半径/m	圆心角/(°)	偏心距 e/m
50	200	28.65	1.395
	300	19.10	0.942
	400	14.32	0.701
	500	11.46	0.556
86	200	49.27	3.822
	300	32.85	2.552
	400	24.64	1.912
	500	19.71	1.526
99	200	56.72	4.781
	300	37.82	3.205
	400	28.36	2.409
	500	22.69	1.929

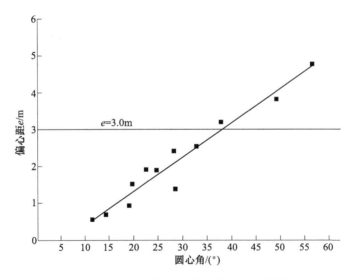

图 3-16　曲梁 T 构圆心角与偏心距关系图

由表 3-4 和图 3-16 可见，曲梁 T 构的圆心角对墩顶偏心距有着明显的影响，总体趋势上，圆心角越大，梁体偏心距越大。当 T 构悬臂长度 50m（对应连续刚构中跨跨径 102m）时，即使曲率半径 200m，偏心距依然较小；当 T 构悬臂长度 86m（对应连续刚构中跨跨径 174m）时，曲率半径 200m，偏心距达到 3.8m；而 T 构悬臂长度 99m（对应连续刚构中跨跨径 200m）时，曲率半径 300m，偏心距

达到3.205m，而曲率半径200m时，偏心距则达到了4.781m，偏心距过大导致转体施工难度大幅度提升。所以，曲线连续刚构（连续梁）桥转体施工方案选择时，要综合考虑跨径和曲率半径两个因素，跨径增大或曲率半径减小时，转体曲梁T构对应的圆心角均会增大，偏心距也会增大，设计中尤其要高度注意，圆心角超过35°~40°时，偏心距可能超过3.0m，对于转体施工必须采取必要技术措施，以确保可有效调整转体结构偏心状态，保持转体结构的平衡性和稳定性。

3.4 小结

1）桥梁转体系统的设计应与桥梁结构设计相匹配，因桥而异且因地制宜。

2）中心与撑脚共同支承的转体结构支承系统可以增加转体结构在转体过程中的稳定性，是当前转体施工的主要支承形式，在此支承系统下，建立了平转时转动体系力矩平衡方程式，该平衡方程体现了中心与撑脚共同支承系统在抗倾覆平衡与平转匀速转动平衡的统一，也就是转体安全和顺畅的统一。

3）中心与撑脚共同支承下，撑脚支承力对牵引力产生不利影响，需合理控制，而采用辅助支承和齿轮驱动的转体系统，能够较好解决撑脚支撑力和牵引力的矛盾，是解决严重不平衡转体和大吨位转体的创新技术。

4）曲线连续刚构桥的曲梁转体T构受曲率影响产生重心偏离，经分析得到以下结论：

①大悬臂状态下曲线主梁重心向内弧侧偏离，导致转体T构整体偏心距e向内弧侧偏移。

②合龙后可见二期恒载对悬臂状态主梁自重作用产生偏心效应起削弱作用，偏心程度得到改善。

③桥梁跨径对于主梁扭矩影响较大，当跨径增大时，横桥向偏心距对于转体结构平衡和稳定影响将大幅增大。

5）衡量曲线梁扭矩及因此导致的曲梁转体T构的偏心状态，受曲梁对应的圆心角（同时考虑悬臂长度和曲率半径）影响，圆心角越大，扭矩越大，偏心状态越严重。因此，曲线连续刚构（连续梁）桥转体施工方案选择时，要综合考虑跨径和曲率半径两个因素，跨径增大或曲率半径减小时，转体曲梁T构对应的圆心角均会增大，偏心距也会增大，设计中尤其要高度注意，当圆心角超过35°~40°时，偏心距可能超过3.0m，对于转体施工必须采取必要技术措施，以确保可有效调整转体结构偏心状态，保持转体结构的平衡性和稳定性。

第 4 章

平转施工曲线连续刚构的设计选择

4.1 宁波市轨道交通 4 号线跨铁路转体桥工程设计介绍

4.1.1 工程位置

宁波市轨道交通 4 号线横贯宁波市中心城，连接中心城和慈城、东钱湖两个规划新城，将宁波市西北和东南区的大片住宅区、工业区、相应的公共活动中心与中心城核心区连接起来。线路起点站为慈城站，终点站为东钱湖站，全长 36.1km，其中地下线 22.89km，高架线 12.6km，过渡段 0.61km，是连接慈城古镇至东钱湖景区的主要连接纽带。宁波市轨道交通 4 号线高架段在宁波市江北区慈城镇上跨杭深客专和萧甬铁路工程，且全桥位于 350m 半径圆曲线上，如图 4-1 所示。

图 4-1 桥梁与铁路的位置关系图

交叉区段萧甬铁路为路基段，为混凝土轨枕的有砟轨道；杭深客专为高速铁路，设计时速 350km/h，交叉段为高架桥，总宽约 12m。现状萧甬铁路为双线地面线，接触网供电，双线线间距约 4.6m，轨面标高 3.61m，现状杭深客专为高架线，双线线间距约 5m，高架结构总宽 11m，接触网供电。萧甬铁路路基边与杭深客专高架地面投影边线距离约 6m，杭深客专南侧为规划预留高架线路。

该桥梁在方案选择上受以下因素制约：
1) 轨道交通高架线梁底净空需满足铁路限界净高要求。
2) 桥墩立柱内侧边缘与既有铁路中心线需有足够的安全距离。
3) 桥跨布置应充分考虑杭深客专南侧规划预留高架线路。
4) 上跨铁路区段结构设计和施工协调难度大，施工窗口时间短。
5) 节点处线路处于 350m 的曲线上，且需一跨跨越萧甬铁路和杭深客专，单孔跨径需超过 120m。

4.1.2 桥梁总体布置

为减小桥梁工程对既有线路的影响，跨越铁路桥梁选择中跨 138m 的三跨预应力混凝土连续刚构桥，其中中跨单孔跨越现状两条铁路，北侧 QJ01D027 桥墩（以下简称"27 号墩"）承台边缘距萧甬铁路中心线 9.1m，南侧 QJ01D028 桥墩（以下简称"28 号墩"）承台边缘距杭深客专中心线 20.9m，满足铁路保护施工安全距离要求，以及为杭深客专南侧预留规划高架线路。为减小施工对于铁路线的影响，桥梁采用悬臂浇筑结合平转施工方法，在 27 号墩和 28 号墩位置与既有线路平行的方向上悬臂浇筑形成两个 T 构，然后转体施工合龙。

确定主跨跨径后，本桥梁设计还需要解决以下两个关键问题：
1) 合龙口位置：转体施工使得桥梁施工对于既有铁路线的影响减小到最小，但合龙段施工仍需要在铁路线上方施工，合龙口位置的选择需避开既有铁路线正上方。
2) 曲线线形影响：本桥全桥位于 350m 半径圆曲线上，350m 半径曲线在特大跨径连续刚构桥梁中已属少见，由于曲率半径引起转体结构产生较大偏心距，对于转动铰中心位置的设置提出了较高要求。

为了使合龙口避开现状萧甬铁路或杭深客专中心线上方，消除合龙施工对于铁路运营的影响，合龙口拟设置于两条既有铁路的中间，故而桥梁方案采用跨径布置为 68m+138m+95m=301m 的不对称预应力混凝土刚构桥，合龙口中心距 27 号墩中心 51m，距 28 号墩中心 87m，两个转体 T 构悬臂长度分别为 50m+50m（27 号墩 T 构）和 86m+86m（28 号墩 T 构），如此，28 号墩 T 构悬臂长度相当于中跨跨径 174m 连续刚构桥的转体 T 构，无论在转体重量还是转体难度上均大幅度增加。

该桥梁立面、平面和断面布置如图 4-2、图 4-3 所示。

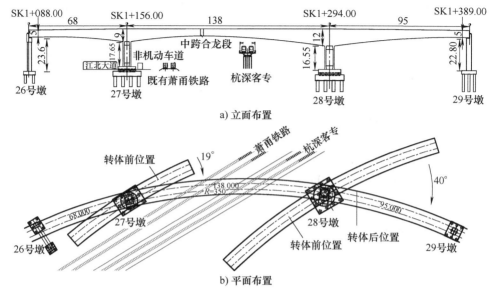

a) 立面布置

b) 平面布置

图 4-2 桥型布置（单位：m）

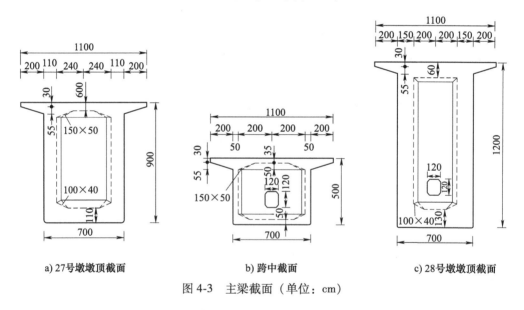

a) 27号墩墩顶截面　　b) 跨中截面　　c) 28号墩墩顶截面

图 4-3 主梁截面（单位：cm）

4.2 曲线大悬臂 T 构转体结构的设计

曲线大悬臂 T 构转体结构的设计，关键问题在于克服曲线线形导致的重心偏离。根据非对称结构常用的转体结构重心偏离处理方法，进行以下方案对比分析。

4.2.1 配重调整重心偏离方案

利用配重调整重心位置，使调整后的转体结构重心与转铰中心重合，是平转施工偏心调整最常用的方法。这种调整方法从拱桥平转施工开始即有应用，利用在台背或墩顶配置足够的平衡重，使得转铰中心与重心重合，既适用于偏心矩较大时，也适用于偏心矩较小时。选择以配重调整重心偏离，需要有足够的配重位置，平转施工拱桥一般利用桥墩墩身重量平衡，或在承台和桥墩上配重，如图4-4所示平转施工拱桥配重调节重心位置。

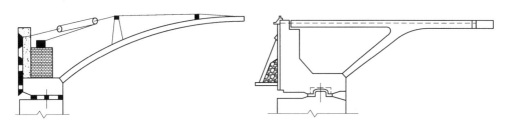

图 4-4　平转施工拱桥配重调节重心位置

对于顺桥向不对称的连续刚构、斜拉桥等，均可将配重直接设置于主梁悬臂，由于配重位置到转铰中心力臂较大，配重效果较好，在很多桥梁转体施工中均有采用。如福厦高铁太城溪特大桥（95.5m+125.7m 预应力混凝土斜拉桥）转体两侧梁体不对称，不平衡配重为5700kN，通过配重调节平衡[24]；唐山二环路上跨津山铁路等既有铁路立交桥（34m+81m+115m 独塔斜拉桥），解决称重所需顶力大难题，先在主跨侧按理论配重170t，使桥梁纵向理论上达到平衡状态后再进行称重[27]；滨莱高速公路改扩建工程上跨铁路桥（50m+85m+50m 连续梁桥），为保证既有高速公路半幅通行，转体桥梁两侧长度非对称转体施工配重 9600kN[26]。

对于曲线连续刚构、斜拉桥，不平衡的主要原因在于因曲线线形导致梁的重心向曲线内侧偏离，属于横桥向偏离，平衡配重一般需配置于曲梁外侧，或配置于桥墩外侧承台上。因为配重距离转铰中心的力臂较小，配重重量较大时可能导致配重位置不足。当桥梁宽度越大，梁上配重的空间尚能相对充足，而桥梁宽度不大时，梁上配重设置位置无法保证。

宁波市轨道交通4号线跨铁路转体桥桥梁宽度仅11m，梁上配重空间不足，所以仅能考虑在桥墩承台上配重。以28号墩转体结构为例，配重于外弧侧承台上，如图4-5所示，配重重心距转铰中心5.5m，按最终设计方案的转体重量146000kN，偏心2.2m计算，理论配重重量需为 146000×2.2/5.5＝58400（kN），按4×15m² 配重设置面积，若配重采用密度为2.3t/m³ 的素混凝土块，需配置的配重体高度达 42.3m，显然，以配重调节重心的方案在该桥中无实施可行性。

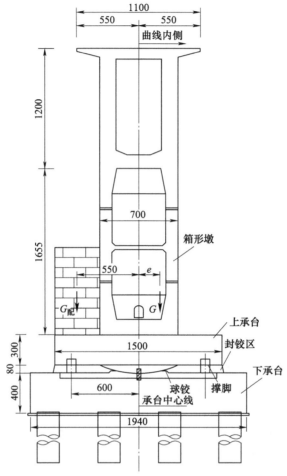

图 4-5　配重调节重心方案（单位：cm）

4.2.2　辅助支承系统方案

3.1.2 节介绍了武汉市常青路跨铁路主桥转体桥梁，以及襄阳市环线提速改造工程跨襄阳北编组站大桥所采用的球铰结合多齿轮传动转体系统。该系统在偏心侧设置支承于滑道上辅助支承（墩），使得转体结构除了支承于转铰外，还有若干辅助墩支承点。由于辅助支承（墩）远离球铰中心，导致较大的摩阻力矩，需要对转体结构施加更大的牵引力，故利用齿轮传动系统辅助施加牵引力。这种方法对于解决极度不对称结构的转体是一种可行的办法。但辅助支承系统方案同时需要满足以下几个条件：

1) 偏心侧结构下需具备辅助支承的条件。
2) 偏心侧结构下需具备设置辅助支承转动需要的滑道。
3) 为保证转动顺畅,需增大牵引力或采用辅助牵引力,如齿轮传动系统。

对于顺桥向不平衡的桥墩,可在主梁下设置辅助墩(支承),与图3-7类似。而曲线连续桥的转体结构重心偏心方向为横桥向,偏心侧结构下设置辅助支承仅能在上下承台之间,与图3-8类似。

以28墩转体结构为例,转体重量146000kN,横桥向偏心2.2m,为了解决不平衡问题,通过偏心侧滑道与上承台之间设置辅助支承,滑道中心距离转铰中心6m。为减小辅助支承的支承力和齿轮驱动力,除横桥向轴线位置外,同时在与横桥向45°位置再设置两组辅助支承,共计三组,如图4-6所示。为方便陈述,以横桥向辅助支承为1号辅助支承,另两个分别为2号、3号辅助支承。

中心与撑脚共同支承的转动体系的撑脚支承力参照《桥梁水平转体法施工技术规程》(DG/TJ 08-2220—2016)第4.4.1条[36]计算,即

$$N_c = \frac{G(e + e_1)}{R' + e_1} \quad (4-1)$$

式中 N_c——撑脚等效集中力;
G——转体结构总重力;
R'——滑道中心半径;
e——转体结构荷载偏心距;
e_1——中心支承偏心距,由球铰上下面滑动引起的球铰中心偏离。

普通的中心与撑脚共同支承的转动体系,由于上下球铰产生滑动后撑脚才支承于滑道,所以式(4-1)计入了球铰滑动引起的中心支承偏心距e_1。而辅助支承系统在临时锚固系统拆除前主动支承,所以可不考虑球铰滑动引起的中心支承偏心距e_1。各辅助支承系统的支承力可通过千斤顶主动调节,所以可以假定各辅助支承支承力相同。由此,参照式(4-1),辅助支承系统支承力为

$$N_f = \frac{Ge}{R'(1 + \sqrt{2})} \quad (4-2)$$

式中 N_f——辅助支承系统支承力。

由式(4-2),辅助支承系统的支承力为22180kN,该支承力为武汉市常青路跨铁路主桥转体桥梁辅助支承系统的2倍多。若需减小支承力,需增大辅助支承与球铰中心的距离R',当R'为8m时,支承力为16640kN,当R'为10m时,支承力为13310kN。如果增大R',必须大幅增大上下承台。

由上述分析可见,在辅助支撑系统距离转铰中心6~10m时,辅助支承系统的支承力远超已有工程案例,要减小辅助支承系统的支承力,必须增大承台尺寸。所以,设置辅助支承系统方案具有一定的可行性,但对于横桥向偏心,辅助

支承系统只能设置于上下承台之间，具有较大的局限性。

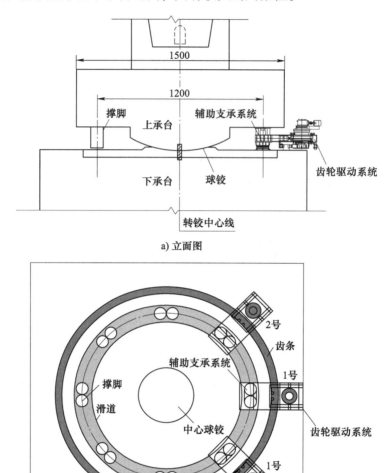

a) 立面图

b) 平面图

图 4-6 辅助支承系统方案

4.2.3 调整转铰位置方案

转铰位置调整至结构重心位置，使得转铰中心偏离原来的结构几何中心位置，或偏离桥墩基础的几何中心位置，也称预设偏心法，是拱桥平转施工中经常采用的方法，也是曲线桥梁转体施工常采用的方法。

邯济铁路至胶济铁路联络线跨胶济客专特大桥是一座跨径 120m+120m 的独

塔矮塔斜拉桥，曲率半径 800m，转体结构长度 103.9m+103.9m，转体结构对应圆心角 14.88°，为保证转体时结构处于平衡状态，球铰中心向曲线内侧设预偏心 140cm，承台中心也向曲线内侧偏移 100cm[14]，如图 4-7 所示。

太原市北中环线工程跨石太客专及石太线立交桥 SE 匝道，曲线半径仅 55m，为小半径曲线转体桥，上部结构为 45m+45m 变高度钢箱梁转体 T 构，转体结构长度组合为 42.5m+42.5m，桥宽 10.0m，转体结构对应圆心角 88.54°。由于曲线半径小，转体结构横桥向偏心大，采用平衡配重调偏心转体施工方案，对转台的转动中心与桥墩中心预设定 1.70m 的偏心距，并在转动系统的上转盘施加永久配重和临时配重，以实现转体系统上部结构重心与转动中心重合，如图 4-8 所示。

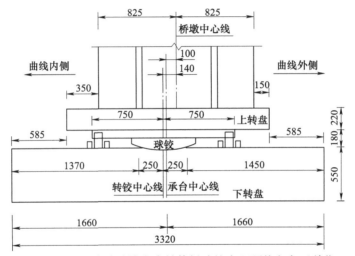

图 4-7 邯胶济联络线跨胶济客专转体桥球铰中心预偏方案（单位：cm）

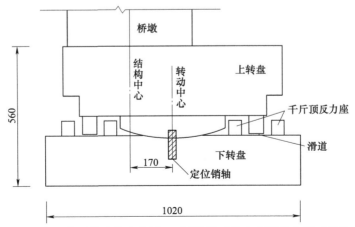

图 4-8 太原市北中环线跨线立交桥 SE 匝道桥球铰中心预偏方案（单位：cm）

上述直接将桥墩中心与转铰中心偏离的方法，已在多座曲线梁桥中应用。现对宁波市轨道交通 4 号线跨铁路转体桥 28 号墩转体结构采用上述方法设计。转体结构偏心 2.2m，为了使得重心与球铰中心重合，球铰向曲线内侧偏移 2.2m，承台也向曲线内侧偏移 2.2m，如图 4-9 所示。

在桥墩直立前提下，偏心距 2.2m 达到了桥墩宽度的 31%，影响桥墩与球铰间力的传递，为此，可以通过几种方式调整过渡。

方式一，增加承台高度或通过逐级承台变化，图 4-9 即为此方式。

方式二，桥墩内弧侧面变宽，使得墩顶适应梁体宽度，墩底适应球铰位置，图 4-10 即为此方式。

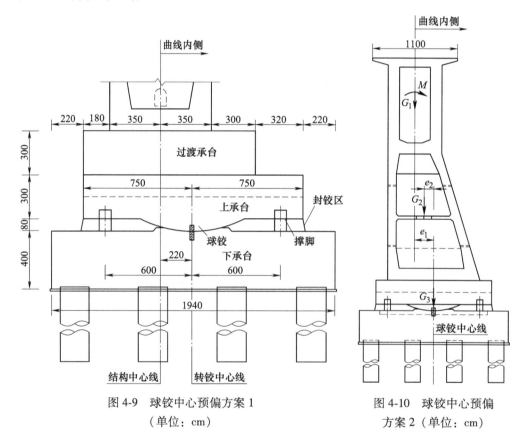

图 4-9 球铰中心预偏方案 1（单位：cm）

图 4-10 球铰中心预偏方案 2（单位：cm）

图 4-10 所示，将等宽度桥墩改为上窄下宽桥墩，转铰预设偏心（转铰中心至结构中心的距离）e_1 可以按照下式计算

$$G_1 e_1 + G_2 e_2 = M \tag{4-3}$$

则得到

$$e_1 = \frac{M - G_2 e_2}{G_1} \tag{4-4}$$

式中 M——梁体产生的墩顶横向弯矩；

G_1——梁体重量；

G_2——墩柱重量；

e_1——梁体中心线与转铰中心线距离，即预设偏心；

e_2——桥墩重心线与转铰中心线距离。

4.2.4 方案比较

针对宁波市轨道交通 4 号线跨铁路桥梁由于曲线线形导致较大偏心距的问题，根据既有转体桥梁经验，分析了配重调整、辅助支承系统、调整转铰位置（预设偏心）三种方法在该桥梁应用的可行性，以 28 号墩转体结构偏心调整方案为例做对比，见表 4-1。

表 4-1 转体结构偏心调整方案对比

序号	调整方法	调整方案陈述	可行性分析
1	配重调整	转铰中心与结构几何中心重合，在偏心侧（曲线内侧）承台上配重	由于配重仅能设置于承台，配重重量达 58400kN，配重重量过大导致配重布置空间不足，此方案不具备实施的可行性
2	辅助支承系统	在横轴线偏心侧及与横轴相交 45°的中分线上设置三组辅助支承系统，辅助撑脚支承于上承台与滑道之间，并辅以齿轮驱动系统辅助牵引系统提供转动力矩	由于桥梁为横桥向偏心，辅助支承系统仅能支承于上下承台之间，限制了辅助支撑力与转铰中心的距离 R'。根据计算，R' 为 6m 时，支承力为 22180kN，R' 为 8m 时，支承力为 16640kN，当 R' 为 10m 时，支承力为 13310kN。总体而言，支承力较大，影响方案的可行性
3	调整转铰中心（直墩方案）	直立式桥墩，墩中心线与转铰中心线距离 2.2m	具备可行性，但需将上承台增高，以改善桥墩与转铰之间力的传递，同时还可以满足基础受力的需要
4	调整转铰中心（变宽墩方案）	设置变宽度桥墩，使得墩底截面中心与转铰中心线重合	具备可行性，变宽度桥墩可适应转体结构偏心，同时还可以满足基础受力的需要

根据上述分析，调整转铰中心的两种方法具有可行性。宁波市轨道交通 4 号线跨铁路桥梁转体结构采用以变宽度墩调整转铰中心的方法。

4.3 宁波市轨道交通4号线跨铁路桥转体结构设计

宁波市轨道交通4号线跨铁路桥通过桥墩变宽度将转铰中心线与转体结构重心线重合,使得转体结构在理论上为中心转体结构。

4.3.1 预设偏心与桥墩设计

该桥位于半径为350m的平曲线上,如前文分析,曲线桥上部结构自重会引起较大横向不平衡弯矩,而配重设置平台小且力臂短,无法通过配重平衡偏心弯矩,故而采用转铰中心向曲线内侧预偏心,以满足曲线梁上部结构恒载横桥向偏心。设计中采用墩底宽度向偏心侧增宽,使得预设偏心后的转铰中心与墩底截面几何中线重合。根据式(4-4)方法计算,27号墩转铰中心设置0.8m横向预偏心,28号墩转铰中心设置2.2m横向预偏心,如图4-11、图4-12所示。桥墩采用箱形截面,受多因素影响两桥墩墩高和截面均不对称,27号墩墩高17.65m,墩顶横向宽7m,纵向长5.5m,墩底横向宽8.6m,纵向长5.5m;28号墩墩高16.55m,墩顶横向宽7m,纵向长6.5m,墩底横向宽11.4m,纵向长6.5m,两桥墩均向曲线内侧呈斜腿造型,桥墩形状以及悬臂施工实物如图4-13、图4-14、图4-15所示。

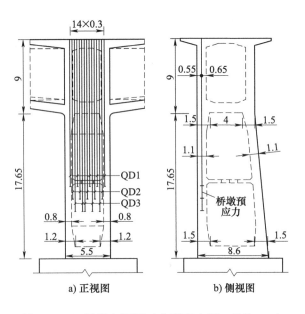

图4-11 27号墩布置图(含预应力筋,单位:m)

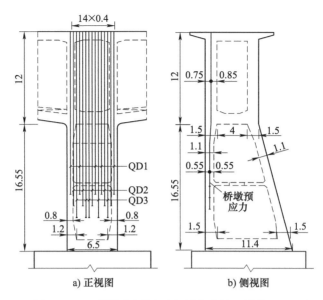

a) 正视图　　　　　　b) 侧视图

图 4-12　28 号墩布置图（含预应力筋，单位：m）

图 4-13　28 号墩施工图片

图 4-14　28 号墩 0 号节段施工完毕图片

根据该桥墩设计方案，桥墩初始状态为向外侧偏心，根据悬臂段的施工进度，每个 T 构在节段施工过程中，偏心会随着悬臂段的伸长而变化，表 4-2 为根据悬臂施工长度推进的偏心变化（向曲线内侧偏离转铰中心为正）的理论分析

图 4-15 28 号墩转体结构（悬臂施工）图片

结果，到转体结构最后一个节段施工完成后横桥向偏心距均为 1cm。为改善施工中桥墩的受力状态，在桥墩的曲线外侧张拉竖向预应力，桥墩预应力在悬臂施工过程中分批张拉，即 0 号节段施工完成后，张拉桥墩第一批预应力钢束 QD1；27 号墩 5 号节段、10 号节段施工完成后分别张拉第二批桥墩预应力 QD2、第三批桥墩预应力 QD3，28 号墩 7 号节段、14 号节段施工完成后分别张拉第二批桥墩预应力 QD2、第三批桥墩预应力 QD3。

表 4-2 悬臂 T 构各节段施工后偏心距变化情况

27 号墩 T 构		28 号墩 T 构	
施工节段	横桥向偏心值/cm	施工节段	横桥向偏心值/cm
0	51	0	133
1	53	1	142
2	53	2	147
3	52	3	151
4	51	4	152
5	49	5	152
6	44	6	151
7	40	7	148
8	35	8	144
9	30	9	139

(续)

27号墩T构		28号墩T构	
施工节段	横桥向偏心值/cm	施工节段	横桥向偏心值/cm
10	24	10	134
11	17	11	128
12	9	12	121
13	1	13	114
		14	105
		15	95
		16	82
		17	71
		18	59
		19	47
		20	33
		21	19
		22	1

4.3.2 转动体系设计

转动体系由上转盘、球铰、下承台、转体牵引系统组成。27号墩转体结构质量约77000kN，T构总长100m，转动角度19°，上转盘平面为直径12m、厚2.5m的圆形转盘，下承台平面为14m×19.4m矩形，厚3.5m，下设12根直径2.0m钻孔灌注桩基础；28号墩转体质量约146000kN，T构总长172m，转动角度40°，上转盘平面为直径15m、厚3.0m圆形转盘，下承台平面为19.4m×19.4m矩形，厚4.0m，下设16根直径2.0m钻孔灌注桩基础。上转盘、下承台间布置撑脚、砂箱和工字钢，转体完成后浇筑厚0.8m的封铰混凝土。球铰磨心支承半径R_1和球铰半径R分别选用1.5m、7m和2m、8m。

转体牵引系统由中心对称的2束钢绞线组成，钢束锚固于上转盘内部。27号墩转体设计启动牵引力739 kN，选用11-ϕ^s15.2钢绞线，启动时钢绞线应力480MPa，安全系数为3.8；28号墩转体设计启动牵引力1511kN，选用21-ϕ^s15.2钢绞线，启动时钢绞线应力514MPa，安全系数为3.6。

27号、28号墩转动体系如图4-16、图4-17所示。

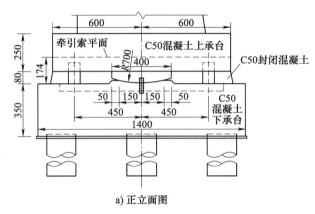

a) 正立面图

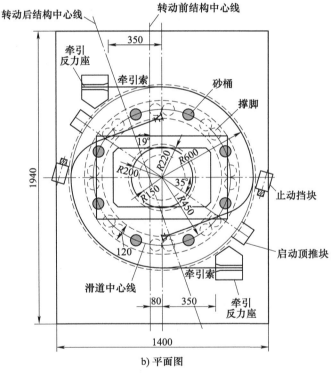

b) 平面图

图 4-16 27 号墩转动体系（单位：cm）

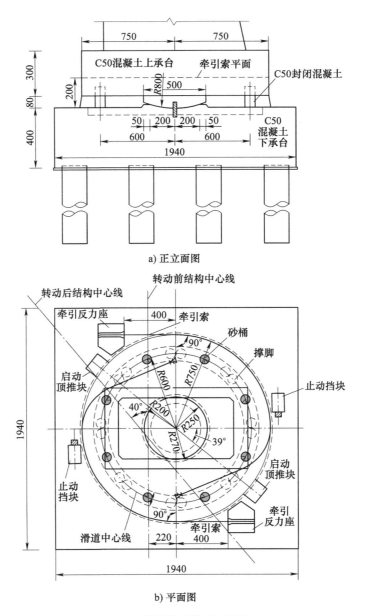

图 4-17 28号墩转动体系（单位：cm）

4.4 小结

1）根据桥梁跨越铁路线所面临的建设条件和制约因素，宁波市轨道交通 4 号线转体桥梁集大跨、小半径曲线线形、不对称等特殊情况于一体，单侧悬臂长度 86m，曲率半径 350m，圆心角 28.6°，转体结构因自重横桥向偏心预设偏心距达 2.2m，为国内转体桥梁之最，在连续刚构转体桥梁案例中具有典型性。

2）解决曲线大悬臂转体 T 构的转铰中心与结构重心重合是转体结构设计的关键。根据曲线大悬臂 T 构的偏心受力特点，依次分析了配重调整重心偏离方案、辅助支承系统方案、调整转铰位置方案的可行性。对于横桥向大偏心结构，以配重调整重心偏离方案需配重重量大，配重设置空间不足，不具备实施可行性；辅助支承系统对于解决横桥向大偏心受辅助支承设置位置影响，辅助支承受力较大，辅助齿轮驱动或顶推力要求较大，方案具有局限性；调整转铰位置（预设偏心）方案具有可行性，但预设偏心过大需同时解决承台传力问题。

3）宁波市轨道交通 4 号线转体桥梁设计方案中采用了调整转铰位置（预设偏心）方案，并通过桥墩底部横向向曲线内侧扩大形成的变截面桥墩，解决了转体结构偏心的问题，其中 27 号墩预设偏心 0.8m，桥墩底部向内侧扩大 1.6m，而 28 号墩预设偏心 2.2m，桥墩底部向内侧扩大 4.4m。

第 5 章

曲线连续刚构的平转施工技术方案

本章以宁波市轨道交通 4 号线跨铁路转体桥为例，介绍曲线连续刚构桥平转施工技术方案。

5.1 转体体系施工安装

5.1.1 总体介绍

宁波市轨道交通 4 号线跨铁路转体桥施工顺序见表 5-1，其中步骤四及步骤一中关于转动体系的施工是桥梁转体施工的内容。

表 5-1 桥梁施工顺序

工序	施工示意
步骤一 下部结构 施工	QJ01D26　QJ01D27　　　　　QJ01D28　QJ01D29
步骤二 悬臂施工	QJ01D26　QJ01D27　　　　　QJ01D28　QJ01D29
步骤三 边跨现浇	QJ01D26　QJ01D27　　　　　QJ01D28　QJ01D29

（续）

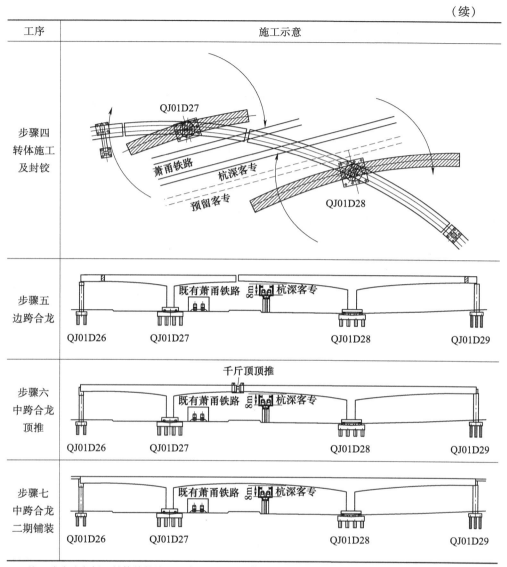

注：为表达方便，转体前的施工示意图展开到转体后位置表示。

27号、28号主墩球铰是转动体系的最重要组成部分，在施工过程中，为确保球铰底部范围钢筋混凝土的密实度以及球铰的安装质量，项目采用球铰分离式安装，采用汽车式起重机分别对球铰的下球铰、销轴以及上球铰进行安装。

图5-1为下球铰安装图，转动体系安装如图3-4、图3-5所示。安装过程中，严格按照平面位置及高程的精度要求进行控制，平面位置控制在3mm内，高差控制在0.5mm内，滑道安装高差控制在0.5mm内，必须做到测量复核的要求。

第5章 曲线连续刚构的平转施工技术方案

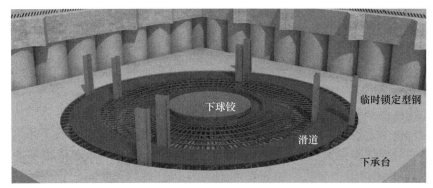

a) 模型图

b) 实景图

图 5-1 下球铰安装图

5.1.2 转体结构概述

1. 球铰

27号墩转体结构与28号墩转体结构均采用钢制球铰，分为上下球铰和销轴三部分，为确保球铰安装完成后，球铰下部钢筋混凝土密实度满足要求，采取分离式安装，球铰在厂家生产完成后，通过试拼及全面检查验收，确保无误后运至施工现场安装。27号墩球铰球体半径7m，球面支撑直径3m；28号墩球铰球体半径8m，球面支撑直径4m。下转盘在施工过程中，待下球铰、滑道固定到位后，通过调整螺栓精确调平滑道以及下球铰，下球铰调平采用多方位多点位控制整体平整度，平面相对高差控制在±0.5mm，调整完成后浇筑C50后浇混凝土。

2. 转体下转盘

在下承台施工过程中，预留球铰、滑道安装后浇槽，球铰的后浇槽为矩形槽，滑道后浇槽为圆环形槽，27号墩预留后浇槽为直径10.5m的圆形槽，深度75cm，中间矩形槽3m×3m、深度20cm，28号墩预留后浇槽为直径13.5m的圆形槽，深度75cm，中间矩形槽4m×4m、深度20cm。在后浇槽矩形槽内安装球铰，在圆形槽内安装环形滑道，滑道采用厚度24mm钢板，下转盘高出下承台顶面20cm。将球铰的下球铰及固定球铰的支架体系固定于后浇槽口内的预埋钢板上，下转盘是转动体系的重要支承结构，在下承台施工过程中，在对应部位埋设牵引反力墩及止动挡块预埋钢筋，以及后期封铰预留钢筋。

3. 转体上转盘及撑脚

上转盘撑脚为转体时保持转体结构平稳的安全支撑，从保持转体结构的稳定性出发，每个上转盘360°圆周范围内，对称均匀设置8组撑脚，在下承台预留圆形槽口内对应撑脚位置设置120cm宽的环形钢板滑道。27号墩滑道中心线半径4.5m，28号墩滑道中心线半径6m，转体时撑脚在滑道内滑动，以保持转体结构平稳安全转体到设计位置，为保证桥梁转体安全顺利实施，滑道面必须在同一个水平面上，其各部位高差不大于±0.5mm。

上转盘每组撑脚为双圆柱形，下设24mm厚钢走板滑道，双圆柱为两个$\phi900\times20mm$的钢管，撑脚钢管内灌注C50微膨胀混凝土。撑脚在工厂整体制作运至工地后，灌注撑脚内C50微膨胀混凝土，并安装撑脚，在撑脚与滑道间布设25mm厚细砂（作为转体结构与滑道的间隙）。转动前清理细砂，并在滑道上铺装5mm厚四氟滑板，以减小转动时的摩擦力。在每组撑脚的中间均匀布设砂桶，砂桶采用$\phi900\times20mm$圆形钢桶，灌砂后的高度为80cm，在后浇槽施工完毕后开始安装。

4. 转体上转盘

上转盘在整个转体过程中以受压为主，根据上转盘的结构外形，布置有上下层钢筋网及拉钩钢筋，以及布设4层垂直方向的预应力体系，同时将桥墩预埋筋伸入上转盘内。上转盘是通过球铰与下转盘及下承台相连接，又是转体牵引力直接施加的部分，27号墩牵引索采用11根$\phi15.2$钢绞线，28号墩牵引索采用21根$\phi15.2$钢绞线，施工过程布设牵引索时应注意：

1）同一对牵引索的锚固端在过球铰中心的直线上，每束索预埋高度和牵引方向应保持一致。

2）每束索的出口点对称于转盘中心，牵引索外漏部分圆顺地缠绕在上转盘周围，外露部分采取包裹等保护措施，防止施工中钢绞线损坏或生锈。

3）牵引索钢绞线的锚固端安装位置经技术人员现场放样定位后安放，并固定牢靠。钢绞线必须采用钢丝或扎丝将整束预应力绑扎成束，避免在转体中因钢绞线分散受力不均而出现断裂现象。牵引索在上承台出口处，必须沿着出口的切线方向，并保证牵引索的圆顺。

4）在上球铰上部及承台范围内绑扎钢筋、安装模板、浇筑上承台混凝土，完成上转盘施工。转体前在梁部结构混凝土达到设计强度时，进行整个系统支承体系转换，撤除撑脚下方砂层及砂桶检查，确定无误后，施加牵引力进行试转，使梁体沿球铰中心轴转动,检查球铰的运转是否正常,测定其摩擦系数。

5.1.3 下承台中转体辅助装置施工

在下承台混凝土浇筑前,需将转动体系中的牵引反力墩、止动块的预埋钢筋预埋在下承台中,并埋设临时锁定上、下承台的精轧螺纹钢在下承台中。

1. 精轧螺纹钢施工

上下承台之间的锚固采用PSB930级ϕ32的精轧螺纹钢,精轧螺纹钢设置两圈,两圈经向间距25cm,在下承台的锚固深度2.2m,在精轧螺纹钢安装时,保持预埋筋垂直,并采用钢筋固定,具体如图5-2所示。

2. 反力墩及止动块施工

反力墩为转体提供有效的施力支点,止动块主要保证转体到位后的限位,均采用钢筋混凝土结构,止动块采用ϕ25的螺纹钢,锚入下承台1m,水平筋采用ϕ14与ϕ12的螺纹钢,垂直间距15cm,27号墩止动块高度2.5m,28号墩止动块高度2.8m,如图5-3所示。

反力墩主筋采用ϕ25的螺纹钢,锚入下承台1m,水平筋采用ϕ12的螺纹钢,垂直间距10cm,27号墩反力墩高度2.5m,28号墩反力墩高度2.8m。均在顶部中部设置一个宽30cm,深度80cm的牵引索穿束槽,在靠近承台侧设置喇叭口,宽度50cm。反力墩与止动块的详图如图5-3所示,转体系统中在下承台顶面设置两组牵引反力墩,反力墩沿转盘中心对称设置。

反力墩采用钢筋混凝土结构,主筋采用ϕ25的HRB400的螺纹钢,分布筋采用ϕ12的HRB400的螺纹钢,在反力墩顶部设置U形槽,供牵引钢绞线穿过。

5.1.4 下承台槽口中转体系统安装

下承台后浇槽口内安装下球铰、环形滑道。完成各种预埋件安装后浇筑混凝土。

1. 下球铰安装

下球铰安装部位在下承台混凝土浇筑时预留槽口,下球铰安装,在下承台预应力张拉完成后,对下球铰与滑道进行精确调整后,浇筑后浇槽口混凝土,等级为微膨胀C50混凝土。

1)球铰安装顺序:槽口清理→初步定位→吊装下球铰→精确定位及调整→固定→绑扎槽口内钢筋→浇筑混凝土。

2)后浇槽口清理:首先根据设计位置采用全站仪精确测量放样对槽口尺寸进行检查,对不满足设计的地方凿除处理;然后对槽口内混凝土面进行凿毛处理,对预埋钢板上的混凝土进行清除;最后将槽口内及钢筋上的碎渣、水泥浆清除。

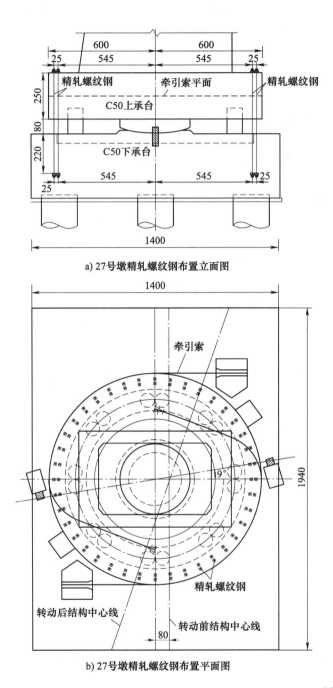

图 5-2 精轧螺纹

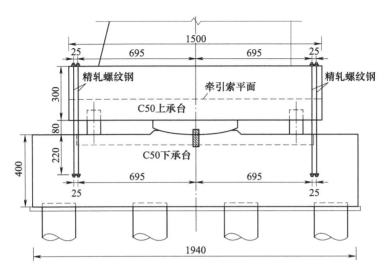

c) 28号墩精轧螺纹钢布置立面图

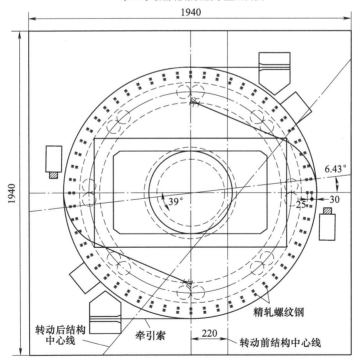

d) 28号墩精轧螺纹钢布置平面图

钢布置（单位：cm）

3）吊装下球铰：球铰在厂家加工生产中，对球铰进行精确试拼并检查，确保球铰在拼装过程中，质量可靠，精度满足要求。球铰运输至现场后，进行验收，检查结构尺寸，下球铰安装采用汽车式起重机进行吊装，在吊装前，对球铰安装的轴线进行放样，确定球铰支架的位置，吊装按照弹线的位置进行安放，然后对球铰的中心进行精确测量定位，并对下球铰全方位的水平度进行调整，达到设计要求精度，如图5-4所示。

4）球铰固定：精确定位及调整完成后，对下转盘球铰的中心、标高、平整度进行复核，检查中心位置并多点复测标高，经检查合格后固定，通过支架焊接于后浇槽的预埋钢板上，钢板的焊接要求各点同步焊接，防止不对称不均匀收缩变形，影响球铰中心位置的准确性。

5）绑扎槽口内钢筋：准备工作完成后，按照设计要求绑扎钢筋。安装过程中，当普通钢筋与下转盘球铰锚固螺栓发生冲突时，应适当移动普通钢筋。

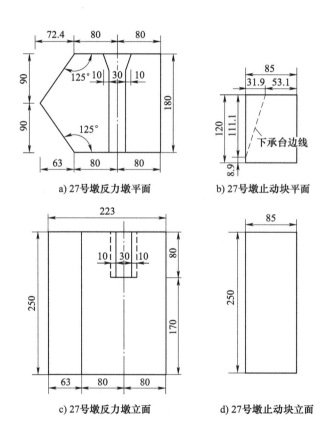

a）27号墩反力墩平面　　b）27号墩止动块平面
c）27号墩反力墩立面　　d）27号墩止动块立面

图5-3　反力墩及止动块详图（单位：cm）

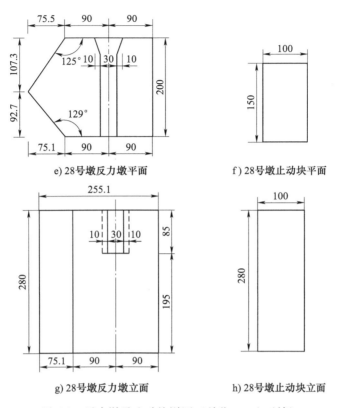

e) 28号墩反力墩平面 f) 28号墩止动块平面

g) 28号墩反力墩立面 h) 28号墩止动块立面

图 5-3 反力墩及止动块详图（单位：cm）（续）

图 5-4 球铰安装

6）混凝土浇筑：在下承台预应力全部张拉压浆完成后，再次检查下球铰的整体平整度，确认无误后对后浇槽进行 C50 微膨胀混凝土的浇筑，由于球铰下方钢筋密集，混凝土振捣难度大，则要求对混凝土的坍落度稍加调整，并在下球铰上预留振捣口与排气孔，有效地控制球铰下方钢筋混凝土的密实度。

2. 环形滑道安装

在撑脚的下方（下转盘顶面）设有 120cm 宽的环形滑道，27 号墩滑道中心半径 4.5m，28 号墩滑道中心半径 6m，滑道钢板采取整体拼装，滑道顶面利用自带螺栓调整标高并固定于支架上，支架与原预留钢筋焊接，滑道要求整个滑道面在同一水平面上，其相对高差不大于 0.5mm。后浇槽钢筋绑扎完成后，浇筑后浇槽混凝土，浇筑过程中，严格控制滑道下方混凝土的施工质量，确保密实，如图 5-5 所示。

图 5-5　环形滑道安装

5.1.5　上承台转体系统安装

上承台（上转盘）施工主要包含上球铰、销轴、撑脚、牵引索、砂桶，以及上下转盘锁定的精轧螺纹钢、启动块、$\phi 500$ 压浆孔等。

1. 上球铰与销轴安装

上球铰位于上承台内，与下球铰采用销轴连接。安装时首先将销轴安装于下球铰中间的销轴槽中，在下球铰面的凹槽中，安装四氟滑板片，涂铺四氟乙烯粉与黄油混合物。然后吊装上球铰，待安装到位后，对上球铰进行顺时针与逆时针方向旋转,以保证上下球铰的密切性及上下球铰间的间隙均匀,完毕后对上球铰进行精确定位,确保平面位置在3mm内,高差在0.5mm内。调整完毕后,采用螺栓将上下球铰连接固定,并将上下球铰的连接缝采用胶带包裹,防止杂物或灰尘进入球铰内部球面,影响后期转体施工。

2. 上转盘撑脚安装

上转盘共设8组撑脚,每组撑脚由两根φ900×20mm钢管混凝土组成,下设24mm厚钢走板,钢管内灌注C50微膨胀混凝土。在后浇槽混凝土浇筑完成达到强度后安装撑脚,在撑脚与滑道之间设厚25mm厚砂层以填充撑脚与滑道的间隙,如图5-6所示。待转体前清理细砂更换5mm厚聚四氟乙烯板。

图5-6 上转盘撑脚安装

3. 上转盘牵引索装置

上转盘将球铰、撑脚连接在一起,又是转体牵引索直接施加的部位,在整个转体过程中处于多向、立体的受力状态,受力复杂。上承台内中心对称设置牵引索P锚固定,27号墩采用11孔P锚通过11根φ15.2钢绞线与连续千斤顶连接,28号墩采用21孔P锚通过21根φ15.2钢绞线与连续千斤顶连接。同一对牵引索的锚固端均中心对称于球铰的中心,注意每束索的预埋高度和牵引方向一致。27号墩每根索埋入上承台的长度应≥7.72m,缠绕上转盘长度≥9.43m,牵引索全长≥23.15m,牵引索的出口点须对称于转盘中心。28号墩每根索埋入上承台的长度应≥9.925m,缠绕上转盘长度≥11.78m,牵引索全长≥29.21m,牵引索的出口点须对称于转盘中心。牵引索外露部分应圆顺地盘绕在上承台周围,并做好保护措施,外漏的牵引索采用优质塑料管进行保护并架空。

4. 上转盘临时固定措施

上下转盘的固定采用φ32精轧螺纹钢,精轧螺纹钢在下承台浇筑前进行预埋,并在上承台顶部外漏,在上承台部分安装精轧螺纹钢钢管,便于张拉锚固上下承台,精轧螺纹钢在安装过程中,进行定位及固定,固定采用钢筋固定。

5. 启动块设置

启动块位于上承台的外侧，27号墩启动块结构尺寸为120cm×100cm×90cm，28号墩启动块结构尺寸为150cm×120cm×100cm，分别布置在距离反力墩60cm，便于在转动启动过程中，安放启动千斤顶。启动块主筋主要采用φ25螺纹钢与φ12螺纹钢，分布筋采用φ12螺纹钢，钢筋水平间距12cm，垂直间距10cm，在上承台施工过程中，同步施工启动块。

5.2 转体施工方案

在各转体结构悬臂浇筑施工完成后进入转体施工阶段。转体施工工艺流程如图5-7所示。

图5-7 转体施工工艺流程

5.2.1 临时锁定的解除

正式转体之前，首先进行上下转盘之间的临时锁定解除。解除顺序：割除精轧螺纹钢→拆除砂桶、安装千斤顶→清理撑脚下方砂层→割除工字钢锁定。

(1) 割除精轧螺纹钢

精轧螺纹钢均匀布设在上承台周边两圈，在悬臂段施工完成后，首先均匀对称切割顺桥向方向，内外圈一一对应切割，再次切割横桥向方向，同样为内外圈一一对应切割。

(2) 拆除砂桶、安装千斤顶

首先对称拆除顺桥向侧砂桶，其次对称拆除横桥向砂桶。砂桶拆除完毕后，清理干净滑道，在顺桥向方向及横桥向方向于砂桶安装 500t 千斤顶，并进行顶升至距离上转盘底部 5~10mm，防止在型钢割除断开的瞬间 T 构出现标高突变的情况。

(3) 清理撑脚下方砂层

撑脚下方砂层的清理工作，同样按照拆除砂桶的顺序进行清理，先将撑脚四周设置的角钢拆除，然后从内向外冲洗，确保撑脚下方清理干净，并铺设四氟滑板。

(4) 割除工字钢锁定

在上下转盘之间设置了 4 组工字钢，主要布置于横桥向方向，两组之间的夹角设置按照转体角度进行设置。切割时，按照对称切割的原则进行，先切割内侧边跨侧，后切割内侧中跨侧，再依次按照此顺序切割外侧型钢。工字钢作为最后一道锁定措施，在切除过程中，加强球铰下应力传感器监测，从而初步分析球铰的受力状况，为称重提供相应的依据。

临时锁定解除过程是转体结构体系转换的过程，临时锁定解除过程时间较长，解除后结构的安全稳定是重要施工控制目标，为了预测转体结构临时解锁后的结构稳定，本桥在施工中进行了基于施工误差的转体结构稳定性评估，具体见第 6 章。

5.2.2 牵引系统及设备测试

转体结构平转牵引系统由牵引动力系统、牵引索、牵引反力墩组成。

1. 牵引动力系统

两侧主墩转体系统分别由 2 套 ZLD250 型连续转体千斤顶、1 台 ZTB15 液压泵站和 1 台 QKDT(BP)-2-20 控制柜通过高压油管与电缆线连接组成 1 套转体动力系统。连续千斤顶公称牵引力 2000kN，额定油压 31.5MPa，由前后两台千斤顶串联组成，每台千斤顶（前、后顶）前端均配有夹持装置，连续转体千斤顶分别水平、平行、对称地布置于转盘两侧的反力座侧面，如图 5-8 所示。

2. 牵引索预紧

牵引索上转盘设置两束牵引索，逐根顺次沿着牵引索出口方向布设在上承台圆弧面后穿过 ZLD250 型连续转体千斤顶。先逐根对钢绞线预紧，预紧力由 10kN

图 5-8　牵引动力系统安装示意图

逐根降至 5kN，再用牵引千斤顶在 2MPa 油压下对该束钢绞线整体预紧，使同一束牵引索各钢绞线持力基本一致（图 5-9a）。牵引索的另一端应先期在上转盘浇筑时预埋入上承台混凝土体内，作为牵引索固定端。牵引索安装完到使用期间注意保护，防止电焊打伤或电流通过、防潮防淋防锈蚀。在上转盘上标注刻度，并在下转盘上埋设刻度指针，用以监控转动的距离，如图 5-9b 所示。

3. 牵引设备测试

1）转体牵引所用的液压及电器设备出厂前进行测试和标定。

2）设备进场后安装就位完成，按设备平面布置图将设备安装就位，连接好主控台、泵站、千斤顶间的信号线，接好泵站与千斤顶之间的油路，连接主控台、泵站电源，进行安装调试检查设备是否运转正常。

3）设备空载试运行，根据千斤顶施力值（启动牵引力按静摩擦系数 μ = 0.1，动摩擦系数 0.06 考虑）反算各泵站油压值，按此油压值调整好泵站的最大允许油压，空载试运行，并检查设备运行正常。

4）安装各种监控标志，例如桥梁轴线位置标示。

5）技术准备，提前做好技术交底，记录表格，各观测点人员分工，控制信号及通信联络等方面。

6）全面检查转体结构上、下转盘等受力部位有无裂纹及异常情况。

7）转体的气候条件：要求提前收集转体前的气象情况，选择气象条件有利的时段拆除临时锁定装置，拆除后，可在撑脚下填塞三角钢楔块，保证转体结构安全，桥梁转体前应选择无雨、无风或微风的环境下进行，转动时的现场风力不宜大于 6 级。

a) 牵引钢绞线索缠绕

b) 指针和刻度盘

图 5-9　牵引索缠绕及刻度指针示意图

8）通信联系方式：现场布设一部固定手机，作为施工现场与车站的主要联系方式，要点期间采用对讲机作为辅助通信工具，其次将手机、车站调度电话及现场调度电话作为备用方案。

9）桥面清理：转体前将桥面附属设施施工完毕，并对桥面进行及时清理，将杂物及剩余构件清理下桥，防止转体施工中物体坠落影响营业线行车安全。

5.2.3　试验转体

待临时锁定解除、牵引系统及测试设备准备完毕后，要尽快进行转体结构称重试验和配重，内容详见第 7 章。称重试验完成后，率先进行试验转体。

1. 试转角度计算

根据转体连续梁与既有铁路的位置关系，转体前 27 号墩梁与既有杭深线铁路中心线最小水平距离为 7.26m，28 号墩梁与既有杭深线铁路最小水平距离为 32m，故试转体拟定 27 号墩转体结构悬臂端部转动 3m，28 号墩转体结构端部转动 6m，27 号墩转体结构悬臂长度 50m，28 号墩转体结构悬臂长度 86m，计算其试转动最大角度分别为

$$\alpha_{27} = \frac{3 \times 180}{50 \times \pi} = 3.44°; \quad \alpha_{28} = \frac{6 \times 180}{86 \times \pi} = 4°。$$

计算得到牵引索伸长值（千斤顶行程）为

$$\Delta L_{27} = \frac{12 \times \pi}{2} \times \frac{3.44}{180} = 0.36(\mathrm{m}); \quad \Delta L_{28} = \frac{15 \times \pi}{2} \times \frac{4}{180} = 0.52(\mathrm{m})。$$

2. 试转

首先预紧钢绞线，采用 ZLD250 型连续转体千斤顶，先逐根对钢绞线预紧，预紧力由 10kN 逐根降至 5kN，再用牵引千斤顶在 2MPa 油压下对该束钢绞线整体预紧，预紧应采取对称进行的方式，并应重复数次，以保证各根钢绞线受力均匀。预紧过程中应注意保证每根钢绞线平行地缠于上转盘上。合上主控台及泵站电源，起动泵站，用主控台控制两台千斤顶同步施力试转。由于各千斤顶间的进油腔并联，油压相等，要实现分级加载必须将所有泵站溢流阀限压调成一致。

依次按计算启动牵引力的 10%、20%、30%、40%、50% 分级施加牵引力，此时若转体结构未转动，则再按每级 2.5% 加载至 70%，若梁体仍未转动则应停止转体，全面检查所有的转体设备、检查各部位锁定是否有未解除情况、撑脚及滑道的间隙是否满足要求，并予以处理，仍不能转动，则施以事先准备好的辅助助推千斤顶同时顶推，以克服静摩阻力使桥梁转动。

试转时，应做好两项重要数据的测试工作。

1) 每 min 转速，即每 min 转动主桥的角度及悬臂端所转动的水平弧线距离，应将转体速度控制在设计要求内。

2) 控制采取点动方式操作，测量组应测量每点动一次悬臂端所转动水平弧线距离的数据，以供转体初步到位后，进行精确定位提供操作依据。

3) 根据试转角度，可分别进行两次 10s、5s、3s、2s、1s 点动操作，测量每点动一次悬臂端所转动水平弧线距离，每次点动间隔 3min 左右（等待梁体静止），剩余试转角度一次性走到位，停止时测量梁体惯性距离。

试转过程中，应检查转体结构是否平衡稳定，有无故障，关键受力部位是否产生裂纹。如有异常情况，则应停止试转，查明原因并采取相应措施整改后，方可继续试转。

试转结束后,梁体不能影响铁路行车安全。则对梁体采取如下锁定措施:
1) 采用钢楔块对 8 组撑脚两侧进行塞紧,防止撑脚与滑道存在空隙而发生梁体标高突变。
2) 对预埋锁定及限位型钢采用钢板焊接。
3) 对上下承台预留钢筋,大小里程侧焊接部分焊接,以增强临时锁定的安全程度。

5.2.4 正式转体施工

1. 封锁点前的准备工作

由于本桥梁跨越铁路线,所以转体前要根据铁路营业线施工安全、检修作业相关管理办法,做如下准备:
1) 转体施工铁路管理部门按照相关规定划分邻近营业线施工类别,并根据施工类别制定相关方案。
2) 转体施工前按规定时间向铁路主管部门提报施工方案及施工计划申请表,按转体施工工序匹配铁路对邻近营业线施工的要求申请天窗时间。
3) 施工当日按计划时间进行铁路线封锁,在铁路相关部门配合下进行转体施工。
4) 施工负责人确认转体施工结束且不影响列车通行后,向施工驻站联络员下达消点命令,并由施工驻站联络员向铁路部门申请恢复列车正常通行。

2. 平转实施

(1) 平转

根据铁路主管部门批复的转体作业封锁时间段进行转体。

启动时同步张拉牵引千斤顶,并通过助推千斤顶按每级 100kN 一级分级加力,直至撑脚走板水平位移观测确定启动。启动后按设计转速匀速转动,考虑转体结构的平稳和安全,27 号墩转体结构梁端转体线速度为 0.753m/min,角速度为 0.86°/min,28 号墩转体结构梁端转体线速度为 1.033m/min,角速度为 0.69°/min。平转基本到位(距设计位置约 1m 处)时降低平转速度,距设计位置 0.5m 处,采取点动操作,并与测量员配合确认点动后梁端弧长。在距设计位置 0.1m 处停转,测量轴线,根据差值,精确点动控制定位,防止超转。同时,临时限位型钢预埋时预留 1~2cm 的预留量,防止欠转。转体到位后可加设钢板填塞。

(2) 转体时间的估算

跨铁路桥梁利用铁路营业线封锁时间进行转体,转体时间应估算准确并留有余地。本桥 27 号墩转体结构设计转体角度为 19°,不作为主要时间控制对象,28 号墩转体结构设计转体角度为 40°,根据转速转体时间计算为 58min,考虑线型调整、标高调整以及临时的锁定等情况,转体时的时间控制 180min。时间估算应充分考虑接触网同步封锁停电和挂接地线时间,启动转体、匀速转动、减速、点动全过程时间,接近就位前(距离设计位置 10cm 时)轴线和标高的复核并调整至设计位置时间,姿态调整、复测和上下承台及撑脚的锁定的时间,以及检查线路、拆除地线并销记至接触网送电时间。

(3)转体纠偏及锁定措施

转体距离设计位置 10cm 时,采用点动操作进行对位。在对位过程中,因撑脚支承滑道后产生的桥梁高差及中线的位置偏差,采用在滑道上撑脚中间,平均布设 4 台 500t 张拉千斤顶,布置方向为顺桥向及横桥向各 2 台,由于上下承台空间为 80cm 标准高度,则在顶升过程中,均顶升至 79.5cm 的位置,在千斤顶顶部铺设四氟滑板。再次采用水准仪对桥梁两端进行标高复测,确保标高在误差范围时,进行中线的调整,中线调整采用连续千斤顶点动的操作进行调整,上述调整反复两至三次后,将达到设计标高及设计线型,并进行上下承台的锁定。

锁定措施:标高及平面位置调整到位后,首先,对撑脚采用钢楔块进行塞紧,并用电焊将撑脚、钢楔块及滑道焊接连接,每个撑脚设置 4 块钢楔块,分别设置在撑脚的内环边与外环边。其次,采用钢板帮条焊的方法将对上下转盘的连接型钢进行焊接。最后,连接上下承台前期预留的封铰钢筋接头,采用 $\phi28$ 的螺纹钢筋进行焊接,并浇筑混凝土,达到永久固结。

转体施工效果图和施工现场照片如图 5-10~图 5-15 所示。

图 5-10 转体前转体结构效果图(俯视)

第5章 曲线连续刚构的平转施工技术方案

图 5-11 转体前转体结构现场照片（俯视）

图 5-12 转体前转体结构现场照片（侧俯视）

图 5-13 转体到位转体结构效果图（俯视）

图 5-14 转体到位前现场照片（侧仰视）

图 5-15 转体到位合龙口现场照片

5.2.5 防倾、限位控制

防倾保险体系是转体施工方法中的重要保证措施，根据设计构造的特点，转体过程中，转体的全部重量由球铰承担，但转体结构受外界条件或施工的影响容易出现倾斜，因此，在球铰的一周设置八组撑脚。

利用上转盘上环形布置的撑脚作为内环保险腿，与下滑道间预留 20mm 间隙，在转体荷载作用下，沿滑道转动时留有间隙，便于确定荷载状态和转体姿态的调整。滑道上清理干净，涂抹黄油四氟粉，便于撑脚滑移。转体就位后，沿滑道外侧布置 4 台千斤顶，便于转体施工过程中，调整转体倾斜姿态。

限位控制体系包括转体限位和微调装置，主要作用为转体结构转动到位出现偏差后需要对转体进行限位和调整使用。横桥向倾斜限位与微调：沿线路方向，在滑道左右两侧各均匀布设 2 台千斤顶，一侧起顶，另一侧预留限位，起顶限位值根据实测确定。调整完毕，用型钢将上下转盘之间固定，撑脚与滑道固定。

水平偏转限位和微调：利用在施工过程中预埋的助推块及止动挡块，进行限位及水平微调，调整到位后，固定撑脚与滑道，并焊接上下转盘的连接钢筋。

5.2.6 转体精确就位监控测量

转体前在桥面上每隔 5m 精确放样出转体结构的中心线点位，转体过程中，重复复核中线及防撞栏板位置。转体就位后，复核两端标高与转体前的两端标高。

在两端的边跨直线段上布设 2 台全站仪及 2 台水准仪，全站仪安放在边跨段的中心线上，在转体前将 2 台全站仪定好方向，每台仪器的视线方向设定在各自转体结构的边跨侧两端中心线方向。并在两侧转体结构边跨侧两端端头设置刻度尺，刻度尺长度 4m，中心位于中线上，在转体过程中，采用全站仪时刻关注刻度尺随桥梁转体的变化，以确保转体的平面线型准确性。

在连续梁两端各布设一台水准仪，用来观测转体结构端部就位后的梁端顶高程。转体时当转体结构即将到达设计位置前 1m 时减速，距离 0.5m 时，采用点动操作，转体过程中与线型测量人员密切配合，利用试转取得的点动数据，通过测量 T 构端部到设计位置的实际弧线长，确定点动次数。距离设计位置 0.1m 时，停止转动，采用水准仪调整其标高，调整完毕后，再次采用点动精确就位。用转体限位装置以防超转，在梁端设置对拉倒链进行水平微调。转体结构转体到位可根据 T 构两端中线和防撞栏板线重合共同判断。转体过程相关监测项目和监测方法见表 5-2。合龙段中心与设计位置偏差应满足表 5-3 要求。

表 5-2 转体过程监测项目和监测方法

序号	监测项目	监测指标	监测方法及工具
1	悬臂端中心线平面位置	与边跨现浇段中心平面位置对齐，符合设计要求	全站仪复测
2	悬臂端中心线高程	与边跨现浇段中心高程位置对齐，符合设计要求	水准仪复测
3	牵引力	与计算修订值相符	千斤顶、油泵读数
4	上转盘转动弧长，推算角速度和悬臂端线速度	与计算修订值相符	尺量、现场计算

表 5-3 转体就位后梁体的允许偏差

序号	项　　目	允许偏差
1	梁体轴线偏差	$L/6000$
2	合龙前两悬臂相对高差	合龙段长的 1/100，且不大于 15mm
3	顶面高程	±20mm

平面定位后，对转体结构进行水平校正，根据测设的标高，对桥梁的大小里程方向，或横桥向的曲线内侧或外侧，在滑道上设置千斤顶顶升或转体结构配重调整桥梁的纵横向标高。标高调整到位后，精确调整转体结构的线型，然后采用钢楔块塞实焊接撑脚下的空隙，千斤顶回油后，复测标高，如不满足要求则重复以上循环，直至标高满足要求为止。

桥梁线型精确就位后，应立即满焊撑脚及临时固结锁定。组织连接上下承台间钢筋，进行封铰混凝土浇筑施工，以最短的时间完成上下承台永久固结。

梁体转体就位后，在合龙段利用型钢对梁体进行临时锁定，以保证梁体的稳定性，然后进行封铰施工。采用帮条焊焊接预埋上下承台的预埋钢筋，焊缝长度必须满足规范要求。封铰部位到上盘混凝土底面，在上承台施工时，预留了相应的压浆孔及振捣孔，从孔道中浇筑混凝土及压浆料，以确保封铰混凝土的振捣达到密实，保证墩身与上下盘间混凝土的整体性。

5.3 转体结构支承平衡系统及稳定性计算

根据 3.2.1 节所述，为保证转体结构转动过程的稳定性，设计往往将转体结构的重心落于球铰中心，这种形式下转体结构处于球铰中心支承的稳定，通过球铰接触面间的转动摩阻力矩克服倾覆力矩保证转体结构稳定性，一旦倾覆力矩超过球铰接触面间的转动摩阻力矩，体系的失稳形式为球铰竖向转动失稳，如图 3-7a 所示。该体系稳定性取决于球铰接触应力和静摩擦系数。而实际工程往往由于各种施工因素和风荷载的影响，转体结构的实际重心会偏离理论重心位置，使得撑脚在临时约束解除后发挥支承作用，从而形成中心球铰与撑脚共同支承的体系稳定，此种状态下需防止转体结构产生绕撑脚支点转动的失稳，如图 3-7b 所示，该失稳模式属于刚性整体倾覆失稳，即以撑脚为支点发生整体的转动。值得注意的是，中心球铰与撑脚共同支承的体系稳定性需要撑脚提供较大的支承力，因此，需同时进行撑脚受力验算。

5.3.1 转体结构抗绕撑脚转动倾覆稳定计算

根据 3.2.1 节分析，转体结构稳定分两类失稳状态，第一类是转体结构倾覆力矩超过了球铰接触面间的转动摩阻力矩而发生转动失稳，第二类是撑脚支承后转体结构绕撑脚的倾覆力矩超过抗倾覆力矩导致的刚体倾覆失稳，撑脚作为转体结构的重要平衡系统，撑脚支点抗转动倾覆是桥梁转体过程结构的最后一道抗倾覆防线，是转体过程桥梁抗倾覆性能的根本保障，所以抗倾覆验算主要考虑这种最不利情况。

参考《桥梁水平转体法施工技术规程》（DG/TJ 08-2220—2016）第 4.4.5

条,平衡系统应进行抗倾覆计算,抗倾覆稳定性系数不应小于1.3,计算荷载应考虑风荷载、转盘倾斜、结构不平衡力矩、施工荷载等[36]。对于一般直线桥梁,横桥向的偏心距较小,所以,横桥向抗倾覆稳定主要考虑风荷载、转盘倾斜等计算荷载,而顺桥向则考虑结构不平衡力矩和施工荷载。然而,曲线桥梁转体结构施工误差以及梁端施工荷载同样会导致横桥向的偏心距,所以,对于曲线桥梁而言,转体结构抗倾覆稳定计算需要考虑顺桥向和横桥向两个方向的倾覆稳定。

1. 工况分析

曲线悬臂T构从临时固结解除到转体完成的过程中,具有刚体倾覆失稳风险的时间段比较短,主要在临时固结解除到称重配重完成的过程。以及转体过程。但由于转体过程已经经过称重配重,施工荷载力矩和结构不平衡力矩导致的倾覆失稳风险已经通过称重配重基本消除,且转体施工过程时间短且要求选择在无风、无雨、气温变化较小的时间进行,所以临时固结解除到称重配重之前是抗倾覆稳定性计算的重要时段。

转体结构施工完成后,称重前解除上下承台临时锁定装置,此时整个T构处于不固结活动状态,在风荷载的作用下可能发生倾覆情况,故对此工况进行抗倾覆计算。倾覆荷载主要考虑风荷载、施工荷载,转体结构自重作为抵抗倾覆荷载,需考虑施工误差导致的结构偏心以及转盘倾斜导致的结构重心偏离。

为此,考虑如下工况:

1)转体结构(不含施工荷载)因施工误差导致偏离转铰中心顺桥向和横桥向各20cm(误差取值原因见第6.2节)。

2)考虑撑脚下移1cm引起的重心偏移。

3)9级风荷载引起的倾覆力矩。

4)施工荷载主要为中跨合龙段吊架及桥面小型机具,合计约148kN。

2. 抗倾覆稳定计算

抗倾覆稳定系数 K_0 可按下式计算

$$K_0 = \frac{M_{结构}}{\sum M_{外}} \geqslant 1.3 \quad (5\text{-}1)$$

式中 $M_{结构}$ ——转体结构自重对支承撑脚的力矩;

$\sum M_{外}$ ——倾覆荷载对支承撑脚的力矩。

曲线悬臂T构的抗倾覆问题可按照横桥向、顺桥向两个方向计算抗倾覆,下面以28号墩曲线悬臂T构为例。

(1)横桥向抗倾覆验算

横桥向倾覆荷载包括风荷载和施工荷载,其中风荷载按曲线梁展开长度偏安全计算。

1)风荷载。风压值 w 可按下式计算

$$w = \beta_z \mu_s \mu_z w_0 \tag{5-2}$$

式中 β_z ——高度 z 处的风振系数；

μ_s ——风荷载体形系数；

μ_z ——风压高度变化系数；

w_0 ——基本风压值（kPa），$w_0 = v_0^2/1600$，v_0 按表 5-4 进行取值。

表 5-4 风力等级

风力等级	距地面 10m 高度处相当风速 v_0/(m/s)
5	8.0~10.7
6	10.8~13.8
7	13.9~17.1
8	17.2~20.7
9	20.8~24.4
10	24.5~28.4
11	28.5~32.6
12	32.7~36.9

28 号墩转体结构计算参数取值：$\beta_z = 1$，$\mu_s = 0.8$，$\mu_z = 1.39$，风力取 9 级计算，$v_0 = 24.4$m/s，$w_0 = 24.4^2/1600 = 0.37$（kPa）。

计算风压 $w = \beta_z \mu_s \mu_z w_0 = 1 \times 0.8 \times 1.39 \times 0.37 = 0.56 (\text{kPa})$。

风荷载产生的不平衡力矩计算表见表 5-5。

表 5-5 风荷载产生的不平衡力矩计算表

序号	梁段	基本风压/kPa	受力面积/m²	风荷载/kN	距上承台顶高度/m	对上转盘底部弯矩/kN·m
1	Y22	0.56	20.05	11.2	29.49	331.1
2	Y21	0.56	20.27	11.4	29.47	334.5
3	Y20	0.56	20.64	11.6	29.42	340.0
4	Y19	0.56	21.16	11.8	29.36	347.9
5	Y18	0.56	21.81	12.2	29.27	357.5
6	Y17	0.56	22.59	12.7	29.17	369.0
7	Y16	0.56	23.5	13.2	29.06	382.4
8	Y15	0.56	24.52	13.7	28.93	397.2
9	Y14	0.56	25.66	14.4	28.79	413.7

(续)

序号	梁段	基本风压 /kPa	受力面积 /m²	风荷载 /kN	距上承台顶高度/m	对上转盘底部弯矩/kN·m
10	Y13	0.56	23.47	13.1	28.65	376.6
11	Y12	0.56	24.51	13.7	28.5	391.2
12	Y11	0.56	25.61	14.3	28.34	406.4
13	Y10	0.56	26.79	15.0	28.17	422.6
14	Y9	0.56	28.03	15.7	27.99	439.4
15	Y8	0.56	29.35	16.4	27.81	457.1
16	Y7	0.56	30.73	17.2	27.61	475.1
17	Y6	0.56	32.19	18.0	27.41	494.1
18	Y5	0.56	28.79	16.1	27.2	438.5
19	Y4	0.56	29.93	16.8	27.01	452.7
20	Y3	0.56	31.15	17.4	26.81	467.7
21	Y2	0.56	32.39	18.1	26.6	482.5
22	Y1	0.56	33.67	18.9	26.39	497.6
23	Y0	0.56	166.03	93.0	26.07	2423.9
24	桥墩	0.56	97.5	54.6	12.08	615.6
风荷载产生的力矩求和：$\sum M_\text{风}$						23613

2）施工荷载。施工荷载主要为中跨合龙段吊架及桥面小型机具，合计约148kN，如果考虑为了顺桥向平衡，在边跨侧配置相同配重。悬臂端部中心与墩顶梁截面中心距离（径向）为10.45m，在施工荷载产生的向内弧侧的横桥向不平衡力矩为

$$M_\text{施} = 148 \times 2 \times (10.45 - 6) = 1317 (\text{kN} \cdot \text{m})$$

3）结构自重的抗倾覆力矩。转体悬臂T构自重146000kN，转铰中心到滑道中心距离6m。考虑施工误差导致的横桥向偏心20cm，考虑撑脚下移1cm引起的重心偏移若偏安全地按梁顶位置计算，为$1 \times 36/6 = 6(\text{cm})$。所以转体结构重心距离撑脚距离为$6 - 0.2 - 0.06 = 5.74(\text{m})$。所以转体结构自重产生的抗倾覆力矩为

$$M_\text{结构} = 146000 \times 5.74 = 838040 (\text{kN} \cdot \text{m})$$

4）横桥向抗倾覆计算。横桥向抗倾覆稳定系数为

$$K_{0横} = \frac{M_\text{结构}}{\sum M_\text{外}} = \frac{838040}{23613 + 1317} = 33.6 \geqslant 1.3$$

所以，横桥向抗倾覆稳定满足要求。

（2）顺桥向抗倾覆验算

顺桥向倾覆荷载同样包括风荷载和施工荷载，其中梁上风荷载按曲线梁在墩顶截面上投影面积计算。

1) 风荷载。风压值 w 仍按 0.56kPa 计算。曲梁风荷载按高 12m，宽 19.2m 的受风压面积计算，面积为 230.4m^2，合力点距离转铰中心为：16.55+3.8+6 = 26.35(m)；桥墩受风压面积为 16.55×(11.4+7)/2 = 152.3(m^2)，求得合力点距离转铰中心为 11.41m。

所以，风荷载产生的力矩为

$$\sum M_{风} = 0.56 \times (230.4 \times 26.35 + 152.3 \times 11.41) = 4373(kN \cdot m)$$

2) 施工荷载。施工荷载为中跨合龙段吊架及桥面小型机具，合计约 148kN，悬臂端部中心与墩顶梁截面中心距离（顺桥向）为 84.3m，施工荷载产生顺桥向不平衡力矩为

$$M_{施} = 148 \times 84.3 = 12476(kN \cdot m)$$

3) 结构自重的抗倾覆力矩。转体悬臂 T 构自重 146000kN，转铰中心到滑道中心距离 6m。考虑施工误差导致的顺桥向偏心 20cm；考虑撑脚下移 1cm 引起的重心偏移若偏安全地按梁顶位置计算，为 1×36/6 = 6(cm)。所以转体结构重心距离撑脚距离为 6-0.2-0.06 = 5.74(m)。所以转体结构自重产生的抗倾覆力矩为

$$M_{结构} = 146000 \times 5.74 = 838040(kN \cdot m)$$

4) 顺桥向抗倾覆计算。顺桥向抗倾覆稳定系数为

$$K_{0顺} = \frac{M_{结构}}{\sum M_{外}} = \frac{838040}{4373 + 12476} = 49.7 \geqslant 1.3$$

所以，顺桥向抗倾覆满足要求。

根据上述计算，转体结构在风荷载、施工荷载作用下绕撑脚转动的倾覆稳定系数较高。

5.3.2 撑脚承载力计算

每个上转盘周围对称设置 8 组撑脚。每组撑脚为双圆柱形，下设 24mm 厚钢走板滑道，双圆柱为两个 $\phi900 \times 20mm$ 的钢管，撑脚钢管内灌注 C50 低收缩混凝土。在下承台预留槽口内设置 120cm 宽的钢板滑道，27 号墩滑道中心半径 4.5m，28 号墩滑道中心半径 6m，转体时撑脚可以在滑道内滑动，以保持转体结构平稳。

悬臂浇筑完成，解除上下承台锁定，此状态下转体结构处于自平衡状态，转体荷载与球铰中心均无偏心，转体结构荷载全部由球铰承受，不再赘述。所

以只计算撑脚支承的工况。由于本转体桥处于 $R=350\mathrm{m}$ 的圆曲线上，通过设置转盘中心预偏心以抵消此横桥向偏心，27号墩、28号墩预偏心距分别为 0.8m 和 2.2m，但在施工过程中及悬臂施工完成后，T 构仍然会存在一个不平衡，当出现不平衡状态后，在解除约束时转体结构会出现倾斜状态，撑脚接触支承于滑道。

1) 工况一：转体结构自重荷载。因 28 号墩悬臂较长，转体重量大，故取 28 号墩转体结构在施工误差偏心 20cm，倾斜重心偏心 6cm，共计偏离 0.26m 进行计算。根据《桥梁水平转体法施工技术规程》（DG/TJ 08-2220—2016）第 4.4.1 条，单个撑脚等效集中力为[36]

$$N_\mathrm{c} = \frac{G(e+e_1)}{R'+e_1} = \frac{146000 \times (0.26+0.01)}{6+0.01} = 6559(\mathrm{kN})$$

撑脚内 C50 混凝土抗压应力为

$$\sigma = \frac{N_\mathrm{c}}{2\pi r^2} = \left(\frac{6559000}{2 \times 3.14 \times 450^2}\right)\mathrm{MPa} = 5.16\mathrm{MPa} \leq [f_\mathrm{ck}] = 32.4\mathrm{MPa}$$

撑脚承载能力满足要求。

2) 工况二：横桥向抗倾覆稳定的风荷载、施工荷载及结构偏心荷载共同作用进行计算。

单个撑脚受力为

$$N_\mathrm{c} = \frac{G(e+e_1) + M_{风} + M_{施}}{R'+e_1}$$

$$= \frac{146000 \times (0.26+0.01) + 23613 + 148 \times 2 \times 10.45}{6+0.01} = 11003(\mathrm{kN})$$

撑脚内 C50 混凝土抗压应力为

$$\sigma = \frac{N_\mathrm{c}}{2\pi r^2} = \left(\frac{11003000}{2 \times 3.14 \times 450^2}\right)\mathrm{MPa} = 8.65\mathrm{MPa} \leq [f_\mathrm{ck}] = 32.4\mathrm{MPa}$$

撑脚承载能力满足要求。

3) 工况三：转体结构节段浇筑过程引起的桥墩底部的最大横桥向弯矩作用。

随着桥墩和梁体的悬臂施工，桥墩和节段重量对转铰中心产生的横桥向弯矩先变大（向曲线外侧），然后逐渐变小。为了偏安全计算，假定不考虑砂桶和临时锁定型钢支承承载，由撑脚承受不平衡力，计算撑脚承载力。

因 28 号墩悬臂较长，转体重量大，故以 28 号墩为例计算。表 5-6 为 28 号转体结构桥墩及各节段重量对转铰中心的横桥向转动力矩。

表 5-6　28 号转体结构桥墩及各节段重量对转铰中心的横桥向转动力矩

序号	梁段号	节段重量/kN	至转铰中心距离/m	对转铰中心的力矩/kN·m
1	桥墩	14612.0	-0.81	-11835.7
2	Y0	19406.4	-2.2	-42694.1
3	Y1	3434.6	-2.094	-7192.1
4	Y2	3257.8	-2.009	-6544.9
5	Y3	3088.8	-1.899	-5865.6
6	Y4	2930.2	-1.763	-5165.9
7	Y5	2779.4	-1.601	-4449.8
8	Y6	3023.8	-1.396	-4221.2
9	Y7	2766.4	-1.143	-3162.0
10	Y8	3003.0	-0.854	-2564.6
11	Y9	2433.3	-0.532	-1294.5
12	Y10	2269.0	-0.175	-397.1
13	Y11	2128.6	0.216	459.8
14	Y12	1965.3	0.643	1263.7
15	Y13	1798.4	1.103	1983.6
16	Y14	1949.2	1.636	3188.8
17	Y15	1858.7	2.247	4176.5
18	Y16	2095.6	2.903	6083.5
19	Y17	1671.0	3.604	6022.2
20	Y18	1598.2	4.349	6950.4
21	Y19	1508.0	5.14	7751.1
22	Y20	1464.6	5.974	8749.7
23	Y21	1404.0	6.854	9623.0
24	Y22	1365.0	7.778	10617.0

注：力矩负值代表向曲线外侧偏心，正值代表曲线内侧偏心。

由上表可知，当悬臂施工至 Y10 节段完成时，横桥向曲线外侧的偏心距达到最大，此时为最不利状态。外偏心距最大为 136245kN·m。

单个撑脚受力为

$$N_c = \frac{\sum M}{R' + e_1} = \frac{136245.3}{6 + 0.01} = 22669.8(\text{kN})$$

撑脚内 C50 混凝土抗压应力为

$$\sigma = \frac{N_c}{2\pi r^2} = \left(\frac{22669800}{2 \times 3.14 \times 450^2}\right) \text{MPa} = 17.8 \text{MPa} \leq [f_{ck}] = 32.4 \text{MPa}$$

撑脚承载能力满足要求。

5.3.3 中心定位销抗剪验算

参考《桥梁水平转体法施工技术规程》(DG/TJ 08-2220—2016) 第 4.4.4 条，中心定位销轴可按式 (5-3) 进行抗剪计算，并应有不小于 2 倍的安全系数[36]。

$$\tau = \frac{Q}{A} \tag{5-3}$$

式中 Q——销轴承受总剪力，主要有风荷载产生的水平剪力、不平衡牵引力、支承偏心引起的非惯性运动影响力；

A——销轴截面面积。

以 28 号墩转体结构为例计算。

首先计算风荷载，该工况为转体过程，一般风力不超过 6 级，按横桥向抗倾覆稳定性验算的风荷载（风力取 6 级，风速 13.8m/s）计算得风压 0.13kPa，根据表 5-6 得到转体结构横桥向迎风面积 1417.5m²，风荷载产生的水平剪力为

$$F_1 = A_风 w = 1417.15 \times 0.13 = 184.2 (\text{kN} \cdot \text{m})$$

其次，确定不平衡牵引力。转体过程中要求两组牵引力同步，而且一般千斤顶均采用同步控制设备，所以，正常情况下牵引力同步，考虑到启动时牵引力按设计牵引力的 10% 分级提升，启动时存在两侧牵引力相差一级的可能性，但一般不会超过一级。所以，28 号墩转体结构设计启动牵引力 1511kN，按其 10% 计算不平衡牵引力 $F_2 = 151 \text{kN}$。

最后，确定支承偏心引起的非惯性运动影响力。参考《桥梁水平转体法施工技术规程》(DG/TJ 08-2220—2016) 第 4.4.4 条，按以下公式计算[36]：

$$F_3 = G\omega^2 e_1 \tag{5-4}$$

式中 G——转体结构总重力；

ω——转体角速度；

e_1——中心支承偏心距。

28 号墩转体结构 G 为 156013 kN，转体角速度 ω 为 0.69°/min，即 ω = 0.012rad/min，e_1 = 0.15m。支承偏心引起的非惯性运动影响力为

$$F_3 = G\omega^2 e_1 = 156013 \times 0.012^2 \times 0.15 = 3.4 (\text{kN})$$

中心定位销轴为 ϕ270 钢棒，材质 45 号钢，A = 57226.5mm²，其剪应力为

$$\tau = \frac{Q}{A} = \frac{F_1 + F_2 + F_3}{A} = \left(\frac{184200 + 151000 + 3400}{57226.5}\right) \text{MPa}$$
$$= 5.9 \text{MPa} \leq [\tau] = 178 \text{MPa}$$

安全系数 $K = 178/5.9 = 30.2 \geqslant 2$，满足要求。

5.3.4 抗滑动验算

平衡系统设计应进行抗滑动计算，抗滑动系数不应小于1.3。计算荷载主要为风荷载。抗滑动稳定系数可按下式计算

$$K_c = \frac{f \sum P_i}{\sum T_i} \tag{5-5}$$

式中 f——摩擦系数；
   P_i——各竖直力；
   T_i——各水平力。

以28号墩转体结构为例进行抗滑动验算。启动时静摩擦系数取0.1。$P_i = 146000\text{kN}$，根据表5-5可知，风荷载水平力 $T_i = 1346.4\text{kN}$。故抗滑动系数为

$$K_c = \frac{f \sum P_i}{\sum T_i} = \frac{0.1 \times 146000}{1346.4} = 10.8 \geqslant 1.3 \text{（满足要求）}$$

5.3.5 转体结构临时固结状态的稳定分析

上下转盘之间连接的球铰为多向支座，只能提供竖向约束，无法抵抗施工过程中因结构本身的偏载、施工荷载、风载等引起的不平衡弯矩，所以必须采取有效措施，将上下转盘进行临时固结。

设置临时固结的目的有两点：一是平衡转体结构沿线路方向竖直平面内的不平衡弯矩，对转体结构进行沿线路方向竖直平面内的约束固定；二是平衡转体结构横桥向的不平衡弯矩，对转体结构进行横桥向竖直平面内的约束固定。

目前比较多见的转体桥上下转盘临时固结形式主要为在滑道顶部换向设置一圈受压砂箱，砂箱与撑脚平均间隔布置；同时在环道外侧环向设置4对双拼工字钢作为临时固结，工字钢设置位置通常为转体前后轴线对应位置，其夹角正好为转动角度，除了作为施工过程中上下固结以外还可以作为转动止动挡块，在封铰时焊接起来，作为永久固结措施。工字钢固结在转体前切断以解除联系，转体后再焊接起来作为永久固结。

1. 顺桥向不平衡弯矩计算

以28号墩转体结构为例进行计算。沿顺桥向不平衡荷载计算主要包括施工荷载、最不利侧挂篮与梁段整体坠落、施工误差等荷载引起的不平衡弯矩。

（1）施工荷载

施工过程中由于材料、机具以及施工人员的重量等施工荷载，不可避免地会造成偏载，按 1.5kN/m^2 取值，作用在最不利一侧的最后2个节段内（另一侧空载），节段长度4m，宽度11m，则顺桥向的不平衡施工荷载为 $F_{施工} = 1.5 \times 11 \times$

$4 \times 2 = 132(kN)$，不平衡弯矩为

$$M_{施工} = F_{施工}e = 132 \times 81.26 = 10726.3(kN \cdot m)$$

（2）最不利侧挂篮与梁段整体坠落

施工中，存在挂篮连带混凝土坠落的可能，在此情况下，会产生较大的倾覆弯矩。最不利工况为当一侧梁段Y22段浇筑完成时，另一侧Y22段挂篮与梁段整体掉落引起的倾覆弯矩。挂篮重量取1000kN，Y22梁段重1365kN，由此导致的倾覆弯矩为

$$M_{挂篮} = (1000 + 52.5 \times 26) \times 83.2 = 196768(kN \cdot m)$$

（3）施工误差

因施工误差，不可避免地会引起偏载，最不利工况为所有梁段的偏载均在一侧，荷载大小按照节段混凝土重量的2%计，在悬臂施工至Y22节段完成时，累计偏载达到最大值。此时不平衡弯矩为

$$M_{误差} = \sum_{Y22}^{Y0} G_{误差}e = 38518.8 kN \cdot m$$

故顺桥向不平衡弯矩为

$$M_{顺} = M_{施工} + M_{挂篮} + M_{误差} = 10726.3 + 196768 + 38518.8 = 246013.1(kN \cdot m)$$

2. 横桥向不平衡弯矩计算

以28号墩为例进行计算。根据表5-6及表5-5，可知在悬臂段Y10施工完成后，由结构自重产生的横桥向不平衡弯矩达到最大。并考虑此时在风荷载作用下横桥向最大不平衡弯矩，计算公式如下：

$$M_{横向} = M_{结构} + M_{风}$$

其中，$M_{结构}$为136245.3kN·m，$M_{风}$为20856kN·m。

$$M_{风} = M_{桥墩} + M_{Y0} + 2\sum_{Y10}^{Y0} M = 20856kN \cdot m$$

$$M_{横向} = M_{结构} + M_{风} = 157101kN$$

对比横桥向不平衡弯矩和顺桥向不平衡弯矩，顺桥向弯矩控制临时固结设计。

3. 砂箱计算

转体结构在上下球铰之间沿滑道上方均匀布置8个撑脚与8个砂箱，撑脚与砂箱均匀间隔布置。根据上述计算可知，最不利工况下的最大不平衡弯矩为顺桥向不平衡弯矩。撑脚和砂箱基本不同时受力，顺桥向单侧4个砂箱，设每个砂箱所受竖向荷载F相同，根据顺桥向不平衡弯矩以及各砂箱到球铰中心距离，得出每单个砂箱受力$F_{砂箱} = 7849.3 \times 1.3 = 10204(kN)$（取1.3倍安全系数）。

采用强度不低于60MPa的石英砂填充砂箱，使用前进行预压。砂箱内径D_1按下列公式进行计算

$$D_1 = \sqrt{\frac{4F_{砂箱}}{\pi \sigma_{砂}}} = \sqrt{\frac{4 \times 10204000}{3.14 \times 60}} = 465(\text{mm}),\text{ 故采用外径 } 530\text{mm}、壁厚$$

20mm 的 Q235C 无缝钢管作为砂箱。

砂箱参数：砂箱内径 $D_1 = 490$mm，上定心内径 $D_0 = 480$mm，落砂高度 $H = 30$mm，顶心从最高工作位置放入下砂筒深度 $h_0 = 200$mm，出砂口直径 $D_2 = 18$mm，砂箱壁厚 $t = 20$mm，砂箱钢材 $[\sigma] = 215$MPa。

砂箱强度计算如下

$$\sigma = \frac{T_{筒壁}}{(H + h_0 - D_2)t} = \frac{4F_{砂箱}D_1 H}{\pi D_0^2 (H + h_0 - D_2)t}$$

$$= \frac{4 \times 10204000 \times 490 \times 30}{3.14 \times 480^2 \times (30 + 200 - 18) \times 20} = 195.6(\text{MPa})$$

$\sigma = 195.6\text{MPa} \leq [\sigma] = 215\text{MPa}$，满足要求。

5.4 转动牵引系统设计

5.4.1 中心支承的转体牵引力计算（平衡状态）

假设转体系统完全平衡，则球铰承受转体系统全部重量。牵引力计算应区分启动和转动两个阶段，启动时牵引力须克服上下球铰间、安全撑脚与滑道间的静摩阻，转动时则需考虑动摩阻。静摩擦系数、动摩擦系数根据润滑材料、承压力、滑动速度的不同而不同，通过试验确定。

转体牵引装置设置在上转盘两侧，如图 5-16 所示，根据《桥梁水平转体法施工技术规程》（DG/TJ 08-2220—2016）第 4.5.3 条，中心支承的转体牵引力可按下式计算

$$T = \frac{2fGR_1}{3D} \quad (5\text{-}6)$$

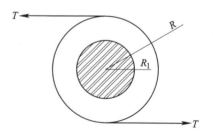

图 5-16 牵引计算简图
R_1—球铰支承半径 R—上转盘半径

式中　T——牵引力；
　　　G——转体结构总重力；
　　　R_1——球铰支承半径；
　　　D——牵引力偶臂；
　　　f——中心支承球铰摩阻系数，无试验数据时，钢制球铰静摩阻系数取 0.08~0.10，动摩阻系数取 0.03~0.06。

以 28 号墩为例进行计算。28 号墩转体总重量 $G = 156013$kN，球铰支承半径 $R_1 = 2$m，牵引力偶臂 $D = 15$m，启动时摩阻系数 $f_1 = 0.1$，转动时摩阻系数 $f_2 =$

0.06。

故启动时牵引力 $T_1 = \dfrac{2f_1 GR_1}{3D} = \dfrac{2 \times 0.1 \times 156013 \times 2}{3 \times 15} = 1387(\mathrm{kN})$

转动时牵引力 $T_2 = \dfrac{2f_2 GR_1}{3D} = \dfrac{2 \times 0.06 \times 156013 \times 2}{3 \times 15} = 832(\mathrm{kN})$

但实际转体式往往处于不平衡状态，故还应按照不平衡状态进行牵引力计算。

5.4.2 中心与撑脚共同支承的转体牵引力计算（非平衡状态）

转体转动时往往处于非平衡状态。所谓非平衡状态是指转体结构重心偏离转动中心，也就是存在偏心距 e。偏心距计算时，需考虑连续梁超方、施工机具堆放、人群荷载等不平衡荷载。偏心距求出后，根据到球铰中心和滑道中心的距离，分别求得球铰和对应组撑脚分配的转体重量，进而计算球铰的动、静摩阻力矩。

根据《桥梁水平转体法施工技术规程》（DG/TJ 08-2220—2016）第 4.5.4 条，中心与两个撑脚共同支承的转体牵引力可按下式计算

$$T = \dfrac{2fG_1 R_1}{3D} + \dfrac{f'G_2 R'}{D} \tag{5-7}$$

式中 G_1——球铰承受重力，按球铰承重比例取值；

G_2——撑脚承受重力，按撑脚承重比例取值；

R'——环道半径；

f'——撑脚与环道摩擦系数，当环道采用四氟乙烯滑板且撑脚采用不锈钢板时，静摩阻系数取 $0.03 \sim 0.04$。

以 28 号墩为例进行计算。28 号墩转体总重量 $G = 156013\mathrm{kN}$，球铰支承半径 $R_1 = 2\mathrm{m}$，牵引力偶臂 $D = 15\mathrm{m}$，启动时摩阻系数 $f_1 = 0.1$，转动时摩阻系数 $f_2 = 0.06$，$f' = 0.04$，$R' = 6\mathrm{m}$。

虽然施工中通过不平衡称重和配重调节不平衡弯矩，可以减小撑脚支承力，但从牵引力设计而言，仍需充分考虑施工中出现的不平衡弯矩。

（1）连续梁施工超方引起的误差

因施工误差，不可避免地会引起偏载，最不利工况为所有超方梁段偏载均在一侧，荷载大小按照节段混凝土重量的 2% 计，在悬臂施工至 Y22 节段完成时，累计偏载达到最大值。此时顺桥向不平衡弯矩为

$$M_{误差} = \sum_{Y22}^{Y0} G_{误差} e = 38518.8\mathrm{kN} \cdot \mathrm{m}$$

（2）施工荷载

施工过程中由于材料、机具及施工人员的重量等施工荷载，不可避免地会造成偏载，按 1.5kN/m² 取值，作用在最不利一侧的最后 2 个节段内（另一侧空载），节段长度 4m，宽度 11m。则顺桥向的不平衡施工荷载为 $F_{施工} = 1.5 \times 11 \times 4 \times 2 = 132$（kN），不平衡弯矩为

$$M_{施工} = 132 \times 81.26 = 10726.3(\text{kN} \cdot \text{m})$$

故顺桥向不平衡弯矩为

$$M_{顺} = M_{误差} + M_{施工} = 38518.8 + 10726.3 = 49245(\text{kN} \cdot \text{m})$$

故撑脚支承力为最不利受力情况，$G_1 = \dfrac{M_{不平衡}}{R'} = \dfrac{49245}{6} = 8208(\text{kN})$。

此时，球铰支承受力 G_1 为转体结构重量（含超方重量 996kN 以及施工荷载重量 132kN）减去撑脚支撑力，得到 148933kN。

故启动时牵引力计算如下

$$T_1 = \frac{2f_1 G_1 R_1}{3D} + \frac{f' G_2 R'}{D} = \frac{2 \times 0.1 \times 148933 \times 2}{3 \times 15} + \frac{0.04 \times 8208 \times 6}{15} = 1455.2(\text{kN})$$

转动时牵引力计算如下

$$T_2 = \frac{2f_2 G_1 R_1}{3D} + \frac{f' G_2 R'}{D} = \frac{2 \times 0.06 \times 148933 \times 2}{3 \times 15} + \frac{0.04 \times 8208 \times 6}{15} = 925(\text{kN})$$

5.4.3 牵引速度和牵引时间

根据《公路桥涵施工技术规范》（JTG/T 3650—2020）第 19.5.5 条第 6 款规定[37]，转动时应控制转速均匀，角速度不应大于 0.01~0.02rad/min，且桥体悬臂端线速度不大于 1.5~2.0m/min。平转接近设计位置 1m 时降低平转速度，距设计位置 0.5m 时采用点动牵引法就位。转体结构悬臂端转体轨迹如图 5-17 所示。

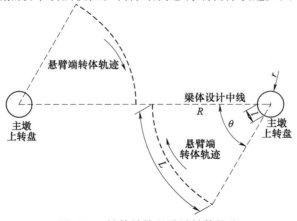

图 5-17 转体结构悬臂端转体轨迹

千斤顶的理论牵引速度为

$$v = \frac{Q}{2A} \quad (5-8)$$

式中 v——千斤顶理论牵引速度；

Q——千斤顶泵头流量；

A——千斤顶伸缸面积。

根据千斤顶牵引速度计算转体所用时间为

$$t = \frac{l}{v} = \frac{\theta r}{v} \quad (5-9)$$

式中 t——钢绞线牵引长度；

l——钢绞线牵引长度；

r——上转盘直径。

现以 28 号墩转体结构为例进行计算。参数如下：悬臂端转动半径 R 为 86m，转体角度 θ 为 40°，悬臂端转体长度 L 为 60.04m；设定转体角速度 ω 为 0.02rad/min，根据转体角度，可得转体时间为 58min；上转盘半径 r 为 7.5m，钢绞线需牵引长度 5.23m。

得到悬臂端转体线速度 $v = \left(\frac{60.04}{58}\right)$ m/min = 1.035m/min ≤ 1.5m/min，满足要求。

千斤顶泵头流量 Q 为 24L/min，千斤顶伸缸面积 0.09m²，理论牵引速度 $v = \frac{0.024}{2 \times 0.09} = 0.13$(m/min)。

按千斤顶估算转体所用时间 $t = \frac{l}{v} = \frac{\theta r}{v} = \left(\frac{5.23}{0.13}\right)$ min = 40.3min ≤ 58min。

根据上述计算，设定转体角速度 ω 为 0.02rad/min，悬臂端转体线速度 v 为 1.035m/min，角速度和线速度都符合要求，按设计速度得到转体时间 58min，小于根据千斤顶牵引速度计算的牵引时间为 40.3min，即表示千斤顶能够满足设定的转体速度要求。

5.4.4 惯性止动距离

转动连续梁悬臂端到达设计位置之前，连续千斤顶需停止牵引，转体结构会在惯性作用下继续转动，此时需通过动摩阻力为转体结构制动，需要计算惯性制动的距离 ΔL。在止动过程中，当悬臂端部的横断面中心线与设计桥位中心线相差不少于 ΔL 时，应停止牵引。然后利用助推千斤顶点动逐步将连续梁顶推到设计线位置。

连续千斤顶停止牵引时，转体结构的动能通过动摩阻力矩做功阻止转动，阻止转动的止动转角 α 可由下式计算

$$\alpha = \frac{I\omega^2}{2M_Z} \tag{5-10}$$

式中　ω——转体结构的角速度；

　　　I——转体结构的转动惯量；

　　　M_Z——球铰转动时动摩阻力矩。

现以 28 号墩转体结构为例进行计算，参数计算如下：

转动惯量计算。将转体结构等效成绕竖轴转动的双质量球结构，分别按各个节段、桥墩分别计算转动惯量，并叠加求和，即

$$I = 2\sum_{i=1}^{22} I_i + I_{墩} = \sum_{i=1}^{22} m_i r_i^2 + \frac{1}{2} m_{墩} r_{墩}^2 \tag{5-11}$$

28 号转体结构各节段及桥墩的转动惯量计算表见表 5-7，转体角速度 0.012rad/min，球铰转动动摩阻系数 0.06，转体重量 156013kN，球铰半径 $R = 2m$，得到转动时动摩阻力矩为

$$M_Z = \frac{2}{3} fGR = \frac{2 \times 0.06 \times 156013 \times 2}{3} = 12481(kN \cdot m)$$

由此，根据式（5-10）得到阻止转动的止动转角 α 为

$$\alpha = \frac{I\omega^2}{2M_Z} = \frac{19313869307 \times (0.012/60)^2}{2 \times 12481 \times 100} = 3.09 \times 10^{-4}(rad)$$

计算得到悬臂端制动距离为 27mm，由此可以指导施工。

表 5-7　转体 T 构转动惯量计算表

序号	梁段号	节段质量 M_i /kN	中心偏距 r_i /m	转动惯量 /kg·m²
1	Y22	1365	83.204	964261854
2	Y21	1404	79.312	901195128
3	Y20	1464.6	75.403	849708973
4	Y19	1508	71.489	786418479
5	Y18	1598.2	67.566	744494457
6	Y17	1671	63.635	690466275
7	Y16	2095.6	59.695	762005713
8	Y15	1858.7	55.748	589442988
9	Y14	1949.2	51.795	533587936
10	Y13	1798.4	48.087	424341576

(续)

序号	梁段号	节段质量 M_i /kN	中心偏距 r_i /m	转动惯量 /kg·m²
11	Y12	1965.3	44.616	399194033
12	Y11	2128.6	41.142	367653565
13	Y10	2269	37.664	328443977
14	Y9	2433.3	34.183	290128191
15	Y8	3003	30.711	289012863
16	Y7	2766.4	27.21	208999855
17	Y6	3023.8	23.719	173588015
18	Y5	2779.4	20.748	122089259
19	Y4	2930.2	17.483	91390931
20	Y3	3088.8	14.486	66139465
21	Y2	3257.8	11.488	43871976
22	Y1	3434.6	8.489	25255918
23	Y0	19406.4	2.2	4792193
24	桥墩	14612	1.1	902067
双侧悬臂及桥墩合计				19313869307

5.5 小结

本章结合宁波市轨道交通 4 号线转体桥转体结构，详细介绍了大跨曲线连续刚构转体结构体系和安装施工方法、转体施工全流程工艺和装置，以及转体结构平衡系统、转动牵引系统的设计和计算方法，对工程项目转体施工过程结构的稳定性进行了分析，尤其在转体结构稳定性分析中，考虑曲线桥梁双向偏心的特点进行了双向抗倾覆稳定分析。

第 6 章

基于施工误差的转体结构稳定性评估

转体结构在称重配重之前需解除临时固结的锁定装置。转体结构在临时固结解除后是否能保持稳定性，是转体施工的关键环节，3.2 节已详细介绍了转体结构支承平衡系统及其稳定性，本章将在分析转体结构的偏心受力状态基础上，基于各种可能出现的施工误差及实际混凝土浇筑体积的数据，判断转体结构可能出现的重心偏离情况，评估转体结构的稳定性，为抗倾覆稳定性验算和转体结构临时固结解除的安全性提供依据。

6.1 不同偏心状态的转体体系受力分析

转体施工过程球铰几乎承受了转体结构的全部重量，处于集中受力状态，且受球铰制作、安装误差、转体结构施工误差、施工荷载和风荷载等因素的影响，转体桥梁的实际重心与球铰中心不可避免地存在偏差，从而使得转动体系处于偏心受力状态。特别是小半径曲线 T 构的施工误差对于结构偏心的影响性更大，悬臂梁梁体的施工误差会使得转体结构同时存在顺桥向偏心和横桥向偏心，甚至出现横桥向偏心占主导的情况。

转体结构往往通过配重控制偏心，但实际转体工程的偏心往往无法完全消除，而且也没有必要完全消除。中心支承转动状态理论上要求桥梁的实际重心与理论重心重合，但该状态极易受到转动过程中摩阻力矩、风荷载、转体千斤顶顶升不连续等影响而出现偏差，且转动时梁端容易抖动，不利于结构受力，也无法满足施工稳定性要求。因此在实际工程中，通过转体结构承担一部分不平衡力矩，使得转体结构的上下球铰绕球铰中心转动，使撑脚支撑于滑道，形成中心与撑脚共同支承的转体体系。该状态会因撑脚的支承而使转动摩阻力矩急剧增大，从而增大转动牵引力，因此需要通过配重使得撑脚处于"若即若离"的状态，常见配重后结构的偏心距为 5~15cm。

综上所述，无论转体施工过程中结构处于何种转动状态，结构均可能处于一定的小偏心状态，本节对中心支承和小偏心状态下（偏心距 5cm、10cm、15cm 和 20cm），宁波市轨道交通 4 号线跨铁路转体桥 28 号墩的转动体系进行受力分析，为转动体系的设计、施工及监控提供指导。

6.1.1 偏心对转动体系变形的影响

图6-1所示为无偏心状态下转动体系竖向变形云图。鉴于不同偏心距下转动体系各部分的变形状态相近，为直观展示偏心对转动体系变形的影响，选择5cm和20cm偏心距下转动体系的竖向变形进行展示，分别如图6-2和图6-3所示。竖向位移以竖直向上为"+"，反之为"-"。图6-4所示为图6-2a的上转盘A点随偏心距的变化规律。图6-5为球铰竖向位移随偏心距的变化。

由图6-1可以看出，无偏心状态的上、下球铰变形受加劲肋影响呈梅花状，且转动体系各部分变形具有明显的对称性，上、下球铰和球铰加劲肋的竖向位移由内向外缓慢减小。由图6-1~图6-5可知，随着偏心距的增大，转动体系各部分变形一侧增大、一侧减小，由无偏心状态变为20cm偏心状态，上承台A点的竖向位移增大1.1mm，上、下球铰的最大竖向位移增大0.1mm，这表明20cm以内的偏心对球铰竖向位移的影响很小。由图6-4可知，上转盘A点的竖向位移随偏心距的增大而线性增大，球铰未发生突然转动。

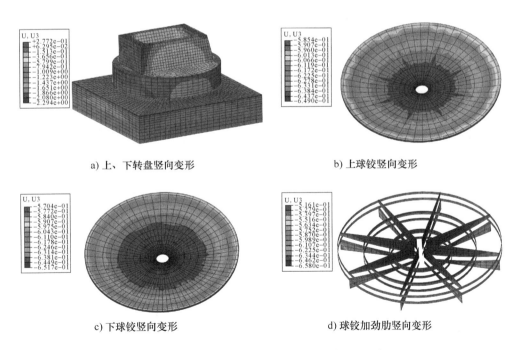

a) 上、下转盘竖向变形

b) 上球铰竖向变形

c) 下球铰竖向变形

d) 球铰加劲肋竖向变形

图6-1 无偏心状态转动体系的竖向变形云图

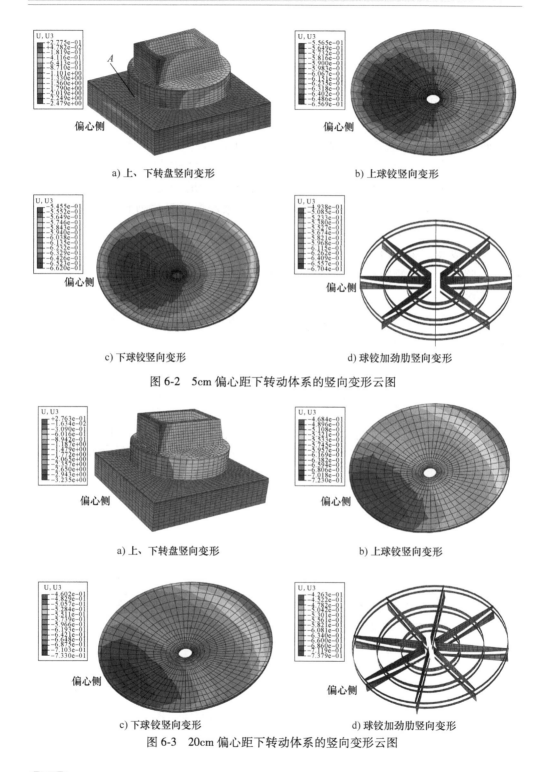

图 6-2 5cm 偏心距下转动体系的竖向变形云图

图 6-3 20cm 偏心距下转动体系的竖向变形云图

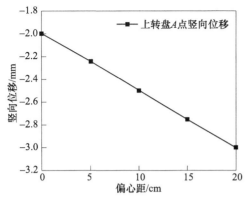

图 6-4 上转盘竖向位移随偏心距的变化

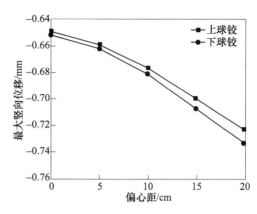

图 6-5 球铰竖向位移随偏心距的变化

6.1.2 偏心对转动体系受力的影响

图 6-6 所示为无偏心状态下转动体系各部分的 Von Mises 应力云图。同样选择展示 5cm 和 20cm 偏心距下转动体系各部分的 Von Mises 应力云图，如图 6-7 和图 6-8 所示。

由图 6-6 可以看出，无偏心状态下，转动体系各部分的受力具有明显的对称性，并且受球铰加劲肋的影响而呈梅花状分布形态，上、下转盘混凝土的 Von Mises 应力与球铰接触应力分布状态一致，均表现为由内向外先减小后增大，最大值出现在球铰边缘，这一现象主要是轴销和上球铰部分悬挑所致。上、下球铰的最大 Von Mises 应力出现在转动中心的轴销周边，约为 35MPa，其值远小于钢材的屈服强度。

由图 6-7 和图 6-8 可以看出，转动体系各部分的受力状态随偏心程度的增大呈现出一侧加载、一侧卸载的变化规律。下转盘混凝土的最大 Von Mises 应力出现在球铰边缘处且位于偏心侧，由偏心 5cm 的 19.1MPa 增大为偏心 20cm 的 22.2MPa，增幅达 16.2%。上转盘混凝土个别位置应力偏大，达到 33.1MPa，主要是网格划分产生的奇异点引起的，可不予关注，正常情况下 Von Mises 应力均小于 20MPa，上、下转盘混凝土应力均小于混凝土设计抗压强度 23.1MPa。上、下球铰的最大 Von Mises 应力随偏心状态的改变很小，且均出现在轴销附近，这表明 20cm 以内的偏心状态对球铰中心区域的影响较小。

图 6-9、图 6-10 和图 6-11 所示分别为无偏心、偏心 5cm 和偏心 20cm 状态下的下转盘混凝土的竖向正应力分布情况，并沿图中的曲线将不同偏心状态下的下转盘混凝土竖向正应力展示于图 6-12。

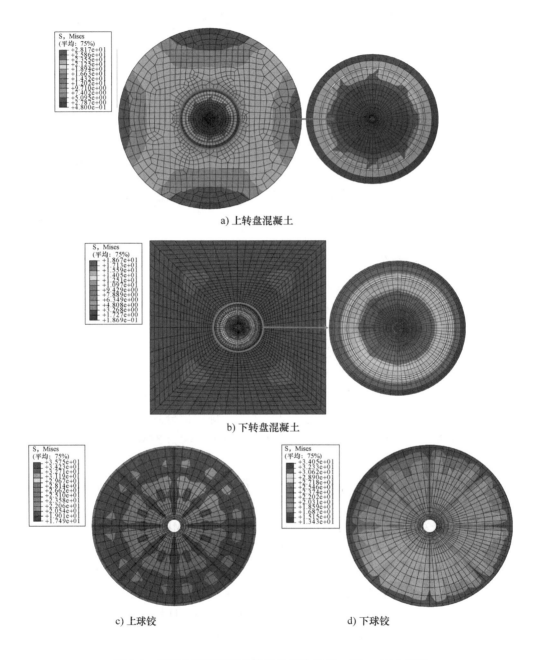

图 6-6 无偏心状态下转动体系各部分的 Von Mises 应力云图

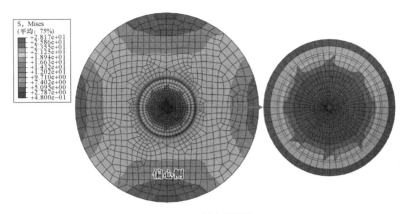

a) 上转盘混凝土

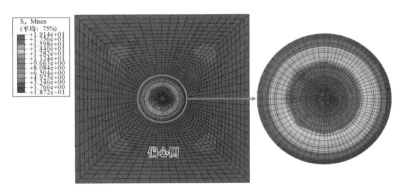

b) 下转盘混凝土

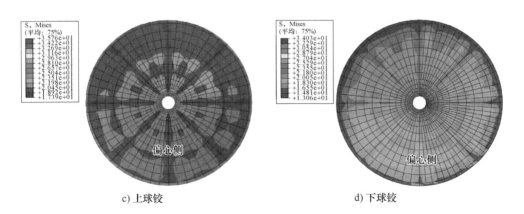

c) 上球铰　　　　　　　　　　　　　　d) 下球铰

图 6-7　5cm 偏心状态下转动体系各部分的 Von Mises 应力云图

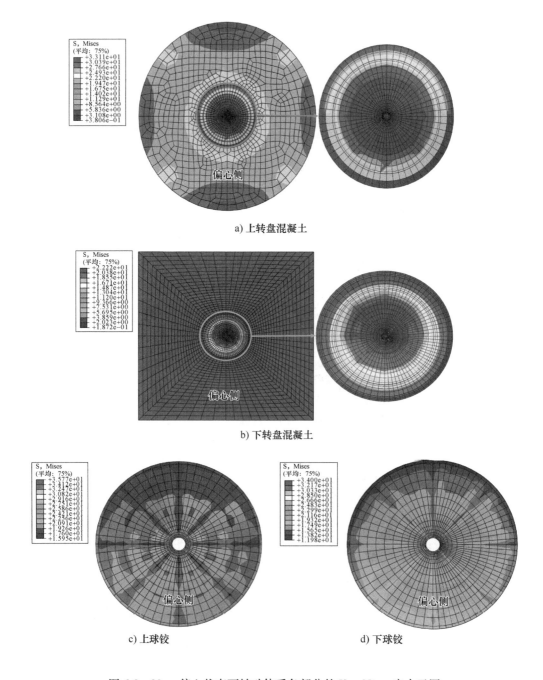

图 6-8 20cm 偏心状态下转动体系各部分的 Von Mises 应力云图

第6章 基于施工误差的转体结构稳定性评估

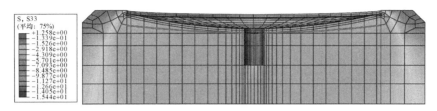

图 6-9　无偏心状态下的下转盘混凝土竖向正应力分布

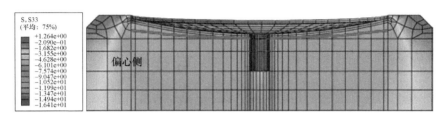

图 6-10　偏心 5cm 状态下的下转盘混凝土竖向正应力分布

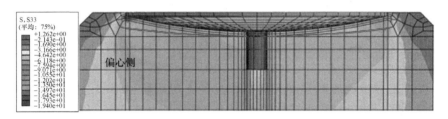

图 6-11　偏心 20cm 状态下的下转盘混凝土竖向正应力分布

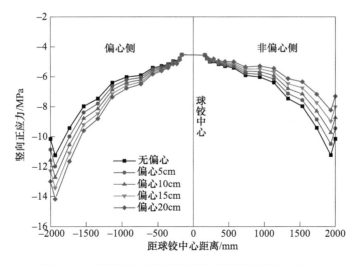

图 6-12　不同偏心状态下的下转盘混凝土竖向正应力

由图 6-9~图 6-12 可以看出，下转盘混凝土竖向正应力沿球铰半径先增大后减小，在球铰边缘附近达到最大。随着偏心程度的加剧，偏心侧竖向正应力不断增大，另一侧不断减小，当偏心距达到 20cm 时，下转盘混凝土的最大竖向正应力位置两侧应力差达 5.9MPa。

综上所述，上、下转盘混凝土的最大 Von Mises 应力出现在球铰边缘，上、下球铰的最大 Von Mises 应力出现在转动中心的轴销周边，且在无偏心和偏心 20cm 以内的情况下，转动体系各部分的应力满足材料的强度要求。转动体系各部分的竖向位移、Von Mises 应力及下转盘混凝土的竖向正应力随偏心的增大呈现出一侧增大、一侧减小的现象，工程上可根据下转盘偏心方向两侧混凝土的竖向正应力差值进行不平衡力矩的估计。

6.2 基于施工误差的偏心范围评估方法

连续刚构桥成桥过程是一个复杂的系统工程，需要经历多个施工阶段，且在成桥后结构线型和内力难以调整，目标成桥状态的实现需要施工过程结构安全状态按照既定的轨迹发展，桥梁的施工控制需要将最终成桥状态总目标进行分散化和阶段化，这便要求充分把控桥梁施工过程结构的力学行为，并确定各施工阶段结构的理想状态。

桥梁理想成桥状态的实现，需要通过各施工阶段目标状态的逐步实现来达到，然而，实际施工过程中结构的实际状态和理想状态会不可避免地存在偏差。对于曲线连续刚构桥，偏心状态的预估、转体姿态判断、不平衡称重等对结构转体过程中的安全状态评估起到至关重要的作用，因此，本节研究了施工误差对偏心的影响，分析了各监测数据对于偏心距的敏感性，并提出了利用节段浇筑重量预估偏心的方法。

受曲率的影响，施工误差不但会导致转体结构出现顺桥向偏心，还会导致其出现横桥向偏心，转体前需要充分分析转体可能的偏心程度，为转体施工临时约束的解除提供依据。出现转体重心位置和转动中心间偏离的主要可能原因为桥墩预应力偏差、桥墩和箱梁超重，包括个别节段的超重和整体上的超重。对于宁波轨道交通 4 号线转体桥梁的 27 号转体结构、28 号转体结构，根据转体结构的转铰中心线将曲梁纵横向分为两部分，如图 6-13 所示。

考虑可能出现如下施工误差引起转体结构重心偏离：

工况一：桥墩超重 10%。

工况二：桥墩重度降低 10%。

工况三：箱梁和桥墩预应力筋预应力偏差 15%。

工况四：转动中心内侧（A 和 D 部分）箱梁节段超重 10%。

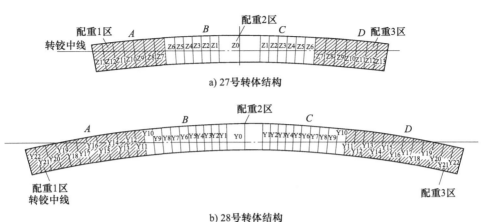

图 6-13 曲线转体结构内外侧划分示意

工况五：转动中心外侧（B 和 C 部分）箱梁节段超重 10%。

工况六：单侧纵向且转动中心内侧悬臂端箱梁节段（A 或 D 部分）超重 2.5%。

工况七：一侧悬臂少浇筑一个节段（Z13 或 Y22）。

通过对上述工况下转体结构的有限元分析，各工况施工误差引起的转体结构顺桥向和横桥向偏心见表 6-1，可见：对于假定的 7 种施工误差工况，除工况七为极端的单侧最后一个箱梁节段缺失工况外，其余工况重心偏差均未超过 20cm，所以在 5.3.3 节抗倾覆稳定性计算时按照重心偏差 20cm 进行计算。

表 6-1 施工误差影响下转体结构重心偏移改变量 （单位：cm）

误差工况	27 号转体结构			28 号转体结构		
	顺桥向偏心	横桥向偏心	合偏心	顺桥向偏心	横桥向偏心	合偏心
工况一	0.03	0.54	0.54	0.01	0.87	0.87
工况二	0.03	0.63	0.63	0.01	1.01	1.01
工况三	0.00	0.00	0.00	0.00	0.00	0.00
工况四	0.21	2.81	2.82	0.48	8.29	8.30
工况五	0.10	2.31	2.31	0.08	7.43	7.43
工况六	10.93	0.33	10.93	19.51	1.04	19.54
工况七	75.57	4.04	75.68	79.42	7.56	79.78

注：合偏心为纵横桥向偏心按勾股定理求得的合计偏心量。

6.3 基于节段浇筑体积的偏心预估方法

节段重量偏差是可能引起转体结构偏心的重要原因，表 6-2 为记录的梁体悬臂浇筑施工过程中各节段的混凝土用量（其中钢筋用量折算成混凝土方量计入），表6-3为图6-13中各节段分区的混凝土用量统计。

表6-2 转体结构各节段混凝土浇筑（含钢筋体积）统计

墩号	节段号	中跨侧			边跨侧		
		理论体积/m³	实际用量/m³	误差（%）	理论体积/m³	实际用量/m³	误差（%）
27号	Z0	282.2	278	-1.5	282.2	278	-1.5
	Z1	83.8	84	0.2	83.8	82	-2.1
	Z2	78.8	78	-1.0	78.8	77	-2.3
	Z3	76.7	75	-2.2	74.2	78	5.1
	Z4	71.5	72	0.7	71	72	1.4
	Z5	67.1	67	-0.1	68.1	68	-0.1
	Z6	74.1	72	-2.8	73.6	73	-0.8
	Z7	66.8	67	0.3	66.8	67	0.3
	Z8	74.1	74	-0.1	73.1	77	5.3
	Z9	57.5	58	0.9	57.9	56	-3.3
	Z10	53.9	56	3.9	52.9	57	7.8
	Z11	51.7	54	4.4	50.2	52	3.6
	Z12	47.9	49	2.3	47.9	50	4.4
	Z13	46.1	48	4.1	46.1	49	6.3
	合计	1132.2	1132	0.0	1126.6	1136	0.8
28号	Y0	373.2	394	5.6	373.2	394	5.6
	Y1	132.1	131	-0.8	132.1	131	-0.8
	Y2	125.8	128	1.7	125.3	125	-0.2
	Y3	119.3	117	-1.9	118.8	116	-2.4
	Y4	112.7	110	-2.4	112.7	111	-1.5
	Y5	106.9	104	-2.7	106.9	104	-2.7
	Y6	116.3	120	3.2	116.3	118	1.5
	Y7	106.3	109	2.5	106.4	108	1.5
	Y8	115.5	112	-3.0	115.5	113	-2.2
	Y9	95.6	108	13.0	92.1	108	17.3
	Y10	87.3	88	0.8	86.3	90	4.3
	Y11	81.9	81	-1.1	80.9	79	-2.3
	Y12	75.6	74	-2.1	74.1	74	-0.1

（续）

墩号	节段号	中跨侧			边跨侧		
		理论体积 /m³	实际用量 /m³	误差 (%)	理论体积 /m³	实际用量 /m³	误差 (%)
28号	Y13	69.2	67	-3.2	68.2	68	-0.3
	Y14	75	75	0.0	75.5	78	3.3
	Y15	71.5	73	2.1	71.9	74	2.9
	Y16	80.6	80	-0.7	80.6	81	0.5
	Y17	64.3	64	-0.5	64.8	66	1.9
	Y18	61.5	63	2.4	61.5	63	2.4
	Y19	58	60	3.4	58	61	5.2
	Y20	55.8	55	-1.4	55.8	58	3.9
	Y21	54	55	1.9	54	54	0.0
	Y22	52.5	53	1.0	52.5	53	1.0
	合计	2290.9	2321	1.3	2283.4	2327	1.9

表6-3 转体结构各节段分区的混凝土浇筑（含钢筋体积）统计

桥墩编号	节段分区	理论体积 /m³	实际用量 /m³	误差 (%)
27号	A	398	406	2.0
	B	734.2	726	-1.1
	C	731.7	728	-0.5
	D	394.9	408	3.3
28号	A	799.9	800	0.0
	B	1491	1521	2.0
	C	1485.6	1518	2.2
	D	797.8	809	1.4

由表6-2可知，除个别节段（Y9）误差超过10%以外，其余节段实际施工混凝土体积（含钢筋）与理论计算中采用的节段体积相差较小，均在10%以内，大部分未超过5%，各悬臂梁平均误差不超过2%。由表6-3可知，悬臂梁各节段分区的平均误差均未超过3.5%，说明6.2节中按施工误差估算偏心状态的工况四、工况五控制10%节段超重的计算是合理且偏于安全的；各节段分区中，仅27号转体结构 D 分区节段误差超过了工况六假定的2.5%，其余分区均未超过，但一方面，工况六假定为单侧超过2.5%，而实际情况 A、D 节段分区均同步增

大，实际差值为1.4%，另一方面，由工况六引起的偏心主要为顺桥向偏心，且27号转体结构顺桥向偏心不到11cm，距离20cm相差较大。上述分析可见，6.2节中假定的三种施工误差工况均符合实际情况。

根据节段混凝土和钢筋用量可预估转体结构偏心状况，见表6-4。

可见，根据施工中实际混凝土用量和钢筋用量计算转体结构的重心偏差，27号墩转体结构偏差8.3cm，28号墩转体结构偏差8.94cm，均小于5.3.1节抗倾覆稳定性计算时假定的重心偏差20cm。

表6-4 由梁体浇筑方量偏差计算的转体结构重心偏差　　（单位：cm）

桥墩编号	顺桥向偏心	横桥向偏心	合偏心
27号	8.13（跨中侧）	1.64（曲内侧）	8.30
28号	7.79（跨中侧）	4.39（曲内侧）	8.94

6.4 小结

1）从梁体悬臂浇筑状态过渡到转体结构状态，转体结构的稳定性评估非常重要，既是进行转体结构抗倾覆稳定性验算的依据，又是转体前临时固结措施可以安全解除的依据。

2）转动体系偏心状态引起了球铰和转盘混凝土的竖向位移及Von Mises应力的变化，从应力数据看，转盘混凝土应力受偏心影响比较敏感，可以作为偏心状态估计的依据，但实际施工时，上、下转盘间临时锁定装置数量多，包括预应力精轧螺纹钢、临时锁定型钢及砂箱，受力状态复杂，也会造成判定的干扰。

3）利用实际施工的钢筋和混凝土用量估算转体结构的偏心距，并基于可能出现的施工误差评估转体结构偏心状态，除非出现极端情况（一侧悬臂端少一个节段），最大偏心状态可以控制在20cm左右，为转体结构抗倾覆稳定分析的施工误差提供了依据，同时说明转体结构可以进行临时固定的解除。

4）由于桥墩、主梁的结构应力和位移受偏心影响的敏感性不强，实际施工时有存在应力、位移监测数据受传感器精度、长期监测下的环境干扰等因素影响的问题，依靠监测数据进行偏心状态评估尚需进一步研究。

第 7 章

曲线转体结构的不平衡称重

转体桥梁的不平衡称重试验和配重是转体施工的关键技术之一。第 3 章 3.3.2 节详细介绍的转体施工偏心状态称重与调整方法，主要针对顺桥向偏心为主的一般平直转体桥梁。与直线桥梁不同，曲线连续刚构桥受桥面曲率影响，施工误差既容易导致转动结构顺桥向偏心，也会伴随横桥向偏心，形成双向不平衡情况，而且曲线半径越小、跨径越大，这种偏离问题可能更突出。所以，对于曲线半径较小、转体结构悬臂较长的桥梁，双向不平衡的转体结构称重尤其需要关注。对转体结构进行顺桥向和横桥向两个方向的平衡称重，称为"双向不平衡称重"。

宁波市轨道交通 4 号线跨铁路转体桥梁曲率半径 350m、转体结构单侧悬臂最大长度 86m，在转体施工前开展了双向不平衡称重和配重方法，本章将具体介绍其称重及配重方法。

7.1 大吨位称重试验的应用实践

如第 1.2 节所述，当前交通建设面临越来越复杂的建设环境，尤其是既有交通线路运行的影响，通过转体施工跨越铁路的桥梁越来越多，跨径、转体结构重量、结构复杂性等因素不断加剧，要保证转体结构能转、易转且安全，必须保证转体结构的平衡稳定，所以不平衡称重和配重是大跨桥梁转体的关键技术。通过转体结构称重，还要获得球铰摩擦力矩、摩擦系数及牵引力等施工参数。

超大吨位转体结构，推进了转体结构称重试验技术创新。保定乐凯大街南延工程主桥转体结构吨位大，转体重量达 45600t，该桥采取制造、运输均较方便的大直径平面球铰，属国际首例，球铰为目前世界最大球面半径球铰[38]。由于转体重量大，采用常规在滑道处顶升，需要千斤顶顶力较大，难以顶起，或无法布置过多千斤顶，称重难以实现。为此提出了多点联合称重技术，通过滑道处和悬臂端部一起顶升的方法解决了这一技术难题，为超大吨位转体结构的称重试验提供了新的思路。

现场施工条件对转体桥梁称重及配重提出了个性化的技术要求。菏泽市丹阳路上跨铁路线的主跨 240m 双塔单索面预应力混凝土斜拉桥，在转动过程中受辅助墩和铁路货场的影响,需要进行两次称重、两次配重;同时,由于转体结构本身不平衡,在支架上还要进行一次初配重[39]。

武汉长丰大道高架桥为55m+90m+55m变截面预应力混凝土连续刚构桥,位于600m的平曲线上,为解决该桥横向偏心问题,在球铰安装时将球铰设置了0.289m和0.1m的横向预偏心。该桥从顺桥向和横桥向分别进行了称重和配重[40]。吉林四平市东丰路上跨铁路斜拉转体桥工程,设定并核查转体牵引系统一系列参数并对其进行施工,对转体结构进行了顺桥向和横桥向称重试验及配重研究,以确保桥梁顺利转体[28]。该桥梁由于宽度较宽,为避免横向不平衡,在顺桥向称重试验基础上,也进行了横向称重,所以,双向称重不仅限于横向不对称结构,同样适用于宽度较大的桥梁。

7.2 双向不平衡称重方法

7.2.1 转体结构平衡状态分析

根据第4章所述,通过预设偏心调整转体结构重心与转铰中心重合,理论上消除了曲率对转体结构横桥向偏心的影响。但是受施工误差影响,曲线转体结构在顺桥向和横桥向均会产生偏心。所以,与平直桥梁主要通过顺桥向的称重调整偏心不同,曲线桥梁应进行顺桥向和横桥向双向称重,并进行双向配重。

双向不平衡称重的原理与3.3.2节介绍的称重试验相同,但在具体称重方法上存在差异。

与单向不平衡称重类似,对平衡状态的判断也是双向称重试验的前提基础。双向不平衡转体结构的平衡状态分析如图7-1所示,设转体结构顺桥向不平衡力矩为M_{GS},横桥向不平衡力矩为M_{GH},合力矩为M_G,由于球铰中心对称,可假定转体结构绕球铰中心发生任意方向竖向刚体转动时,其最大静摩擦系数一致,即球铰竖向最大静摩擦力矩M_Z相同。

由图7-1可见,转体结构平衡状态可能出现以下几种实际情况:

1) 转体结构不平衡合力矩M_G小于球铰摩阻力矩M_Z,此时,转体结构不会发生绕球铰任何方向的竖向刚体转动,无撑脚支撑于滑道。

2) 转体结构仅一个轴向不平衡力矩较大,导致合力矩M_G大于球铰最大摩阻力矩M_Z,此时,转体结构在一个方向上发生绕球铰的竖向刚体转动,该侧撑脚支承于滑道,在另一个方向则无竖向刚体转动,撑脚不支承,若图7-1中M_{GS}较大而M_{GH}较小,则转体结构发生顺桥向刚体转动,导致3#撑脚支承于滑道。

3) 转体结构两个方向的不平衡力矩均较大,导致合力矩大于球铰最大摩阻力矩M_Z,此时,转体结构在对角线方向发生绕球铰的竖向刚体转动,则可能对角线上 1 个或多个撑脚支承于滑道，若图 7-1 中会出现 2#撑脚支承于滑道，可能伴随 1#或 3#撑脚也同时着地。

7.2.2 不平衡合力矩小于球铰摩阻力矩

转体结构临时锁定解除后，若双向均不发生绕球铰的竖向刚体转动，所有撑脚均未支承于滑道，则可判断转体结构球铰摩阻力矩大于不平衡合力矩。

这种情况下，称重试验时首先选择一个方向称重。假定选择顺桥向，分别在右侧和左侧顶升上转盘，如图 7-1 所示，记录顶升力-位移曲线，得到转体的顶升力-位移曲线突变时的顶升力值 P_{1S} 和 P_{2S}，与常规称重方法一样，分别通过平衡方

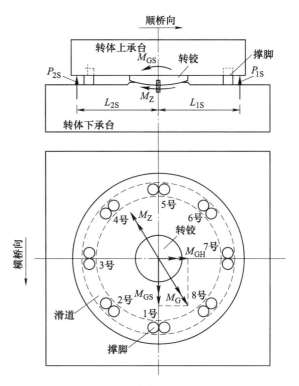

图 7-1 转动结构平衡状态分析

程得到顺桥向不平衡力矩 M_{GS} 和摩阻力矩 M_Z，即

$$M_{GS} = \frac{P_{2S}L_{2S} - P_{1S}L_{1S}}{2} \tag{7-1}$$

$$M_Z = \frac{P_{2S}L_{2S} + P_{1S}L_{1S}}{2} \tag{7-2}$$

然后在另一方向（横桥向）进行称重试验。选择其中一侧（图 7-1 中 1#撑脚位置）顶升上转盘，同时记录顶升力-位移曲线。记录转体的顶升力-位移曲线发生明显突变的顶升力大小 P_{1H}，则可得横桥向不平衡力矩 M_{GH}，即

$$M_{GH} = M_Z - P_{1H}L_{1H} \tag{7-3}$$

由于任意方向刚体转动时摩阻力矩相等，M_Z 已由前一次称重试验的式（7-2）得到，所以该方向称重无需两个方向的顶升。

7.2.3 不平衡合力矩大于球铰摩阻力矩

当解除球铰的临时锁定后，若转体结构发生绕球铰的刚体转动，有撑脚支承于滑道，则可判断转体结构不平衡合力矩大于球铰摩阻力矩。此时，可能存在两

种情况，即 7.2.1 节中所述的转体结构平衡状态情况 2）或 3）。这两种情况的双向不平衡称重方式和计算方法基本一致。

假设在不平衡合力矩作用下，图 7-1 中转体结构的对角线上 2#撑脚支承于滑道，且 3#撑脚伴随支承于滑道，则可判断 M_{GS} 影响更大，可选择在 3#撑脚位置先顶升，当转体结构发生微小刚体转动，顶升力-位移曲线出现突变时，记录顶升力 P_{2S}，然后千斤顶卸载，通过顶升力-位移曲线判断转体结构发生反向刚体转动时的顶升力为 P'_{2S}。与常规称重方法一样，根据这两个时刻的平衡方程可以得到不平衡力矩 M_{GS} 和摩阻力矩 M_Z，即

$$M_{GS} = \frac{P_{2S} + P'_{2S}}{2} L_{2S} \tag{7-4}$$

$$M_Z = \frac{P_{2S} - P'_{2S}}{2} L_{2S} \tag{7-5}$$

然后在另一方向（横桥向）进行称重试验。采用与上节相同步骤，在 1#撑脚顶升，得到与式（7-3）相同的横桥向不平衡力矩 M_{GH}。

如果仅 3#撑脚支承于滑道，可采取前述相同的方法；如果仅 2#撑脚落地，则第一次称重可以选择顺桥向（3#撑脚位置顶升），也可以选择横桥向（2#撑脚位置顶升），但在称重前做可能的不平衡力矩方向判断非常重要。需要注意的是：当一个方向顶升时，需要对另一个方向做好保护。

7.2.4 偏心距

根据上述计算结果，可得顺桥向和横桥向偏心距 e_S、e_H，即

$$e_S = \frac{M_{GS}}{G} \tag{7-6}$$

$$e_H = \frac{M_{GH}}{G} \tag{7-7}$$

式中　G——转体结构重量。

转体结构合偏心距 e 为

$$e = \sqrt{e_S^2 + e_H^2} \tag{7-8}$$

由于转体结构的合偏心距大于两个方向的偏心距，所以曲线桥梁转体结构偏心距控制时，应以合偏心距为控制目标。

球铰静摩擦系数 f 按下式计算

$$f = \frac{M_Z}{0.98RG} \tag{7-9}$$

式中　R——球铰球面半径。

7.3 宁波市轨道交通 4 号线跨铁路转体桥的称重试验

7.3.1 27 号墩转体结构不平衡称重试验

临时约束解除完毕后，27 号墩转体结构跨中侧撑脚支承于滑道，属于情况 2）的平衡状态，其称重试验次序如下：

1）进行顺桥向不平衡称重。顶升跨中侧撑脚旁的千斤顶，记录顶升力-位移曲线，如图 7-2 所示。

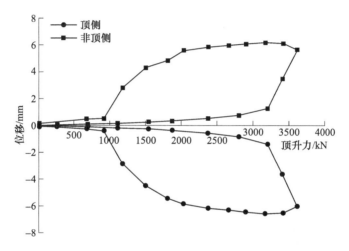

图 7-2　27 号墩转体结构顺桥向称重顶升力-位移曲线

由图 7-2 可见，P_{2S} = 3205kN，P'_{2S} = 1496kN。转体结构自重 G = 81626kN，L_{2S} = 6.0m，根据式（7-4）、式（7-5）可得，M_{GS} = 14 103kN·m（跨中侧），M_Z = 5127kN·m。由此得到转体结构顺桥向偏心距 e_S = 17.3cm（跨中侧），球铰静摩擦系数 f = 0.0092。

2）进行横桥向称重。由于横桥向撑脚未落地，选择一侧起顶（因临时解锁过程中观察到转体结构在曲线内侧有下沉位移，故选择该侧起顶），其顶升力-位移曲线如图 7-3 所示。

由图 7-3 可见，球铰竖向转动临界力 P_{1H} = 1576kN，由式（7-3）可得横向不平衡力矩 M_{GH} = 4329kN·m（曲线内侧），得转体结构横桥向偏心距 e_H = 5.3cm（偏向曲线内侧）。

由式（7-8）得合偏心距 e = 18.1cm。

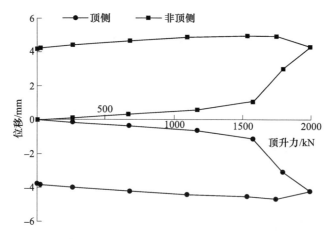

图 7-3　27 号墩转体结构横桥向称重顶升力-位移曲线

7.3.2　28 号墩转体结构不平衡称重试验

临时约束解除完毕后，28 号墩转体结构出现两个撑脚同时着地，分别为横桥向曲线外侧撑脚及与跨中侧之间的对角线位置撑脚，属于 7.2.1 节所述的转体结构平衡状态情况 3），可以判断偏心距横桥向向曲线外侧偏心，顺桥向向跨中侧偏。

1）进行横桥向称重试验。曲线外侧撑脚位置顶起，顶升力-位移曲线如图 7-4 所示。由图 7-4 可见，$P_{2H}=3504$kN，$P'_{2H}=232$kN。转体结构自重 $G=156013$kN，由 $L_{2H}=7.5$m，由式（7-3）、式（7-5）可得，$M_{GH}=14010$kN·m（曲线外侧），$M_Z=12270$kN·m。转体结构横桥向偏心距 $e_H=9.0$cm，球铰静摩擦系数 $f=0.01$。

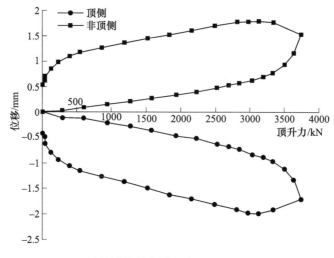

图 7-4　28 号墩转体结构横桥向称重顶升力-位移曲线

2）进行顺桥向称重。根据撑脚情况可判断转体结构偏向跨中侧，故在跨中侧顶起，其顶升力-位移曲线如图7-5所示。

由图7-5可见，球铰竖向转动临界力 $P_{1S}=1866\text{kN}$，求得纵向不平衡力矩 $M_{GS}=1379\text{kN}\cdot\text{m}$（跨中侧），顺桥向偏心距 $e_S=1.1\text{cm}$（偏向跨中侧），顺桥向偏心距很小。

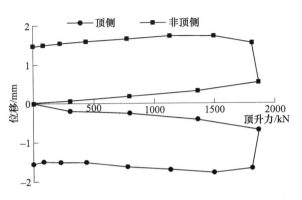

图7-5　28号墩转体结构顺桥向称重顶升力-位移曲线

转体结构横桥向偏心距 $e_H=9.0\text{cm}$，顺桥向偏心距 $e_S=1.1\text{cm}$，得合偏心距 $e=9.1\text{cm}$。

7.4　配重分析及配重后转体姿态评估

通过双向称重试验得到了转体结构偏心状态，需要根据偏心状态设计配重方案，以平衡转体结构的不平衡力矩。然而，一方面，曲线大悬臂转体结构受配重作用产生梁体变形，影响转体结构姿态和合龙效果；另一方面，受平面曲率影响，曲线转体桥梁在顺桥向桥面配重会产生横桥向偏心的变化。所以，配重前开展充分地配重影响分析和配重后转体姿态评估，对于确定配重方案非常重要。

7.4.1　配重对转体姿态的影响

宁波市轨道交通4号线跨铁路转体桥需同时考虑顺桥向不平衡配重和横桥向不平衡配重。该桥梁施工方案确定在图7-6中的三个位置布置配重，其中，配重1区和配重3区为悬臂梁倒数第二个浇筑节段桥面，而配重3区为在桥墩的曲线外侧设置配重支撑牛腿，位置如图7-7所示，其中，27号墩配重2区位置距离转动中心8m，28号墩顶配重2区位置距离转动中心10m。显然，在配重1区和3区位置的配重，会引起转体结构横桥向向曲线内侧偏心，此时通过配重3区的配重可以消除横桥向偏心。

由于悬臂长度大，在配重2、3区位置设置配重会导致主梁一定程度的变形，既有梁端弯曲下挠，又有梁体扭转，从而引起转体姿态的改变，但在配重

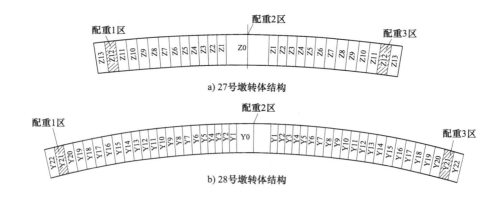

图 7-6 转体结构配重位置平面图

2 区位置配重主要影响横桥向偏心,对转体结构姿态影响较小。因此,需在称重及配重之前进行配重引起的转动 T 构梁体变形分析,防止因产生过大变形而影响梁体合龙精度。

为此,分别分析配重 1 区和 3 区位置在两侧同步配重 500kN 和单侧配重 500kN 情况下悬臂端的位移,而其他配重情况根据线性内插分析得到。

1. 配重对 27 号墩 T 构转体姿态的影响

(1) 配重 1 区和 3 区位置同步配重 500kN 变形云图如图 7-8 所示,变形值见表 7-1。

图 7-7 桥墩配重 2 区位置

图 7-8 27 号墩 T 构配重 1 区和 3 区位置同步配重 500kN 的变形云图(单位:cm)

表 7-1　27 号墩 T 构配重 1、3 区位置同步配重 500kN 的悬臂端变形值（单位：cm）

墩号	竖向位移	横向位移	扭转变形
27 号墩	-3.57	1.35	0.85

注：此处扭转变形为两侧腹板的竖向位移差，下同。

(2) 配重 1 区或 3 区位置单侧配重 500kN

变形云图如图 7-9 所示，变形值见表 7-2。

图 7-9　27 号 T 构配重 1 区或 3 区位置单侧配重 500kN 变形云图（单位：cm）

表 7-2　27 号 T 构配重 1 区或 3 区位置单侧配重 500kN 的悬臂端变形值（单位：cm）

墩号	方向	竖向位移	横向位移	扭转变形
27 号墩	配重侧	-11.70	1.44	0.14
27 号墩	非配重侧	7.91	0.31	0.71

2. 配重对 28 号 T 构转体姿态的影响

(1) 配重 1、3 区位置同步配重 500kN

变形云图如图 7-10 所示，变形值见表 7-3。

表 7-3　28 号 T 构配重 1、3 区位置同步配重 500kN 的悬臂端变形值（单位：cm）

墩号	竖向位移	横向位移	扭转变形
28 号	-15.68	4.01	3.23

(2) 配重 1 区或 3 区位置单侧配重 500kN

变形云图如图 7-11 所示，变形值见表 7-4。

图 7-10 28 号 T 构配重 1、3 区位置同步配重 500kN 变形云图（单位：cm）

图 7-11 28 号 T 构配重 1 区或 3 区位置单侧配重 500kN 变形云图（单位：cm）

表 7-4 28 号 T 构配重 1 区或 3 区位置单侧配重 500kN 的悬臂端变形值（单位：cm）

墩号	方向	竖向位移	横向位移	扭转变形
28 号	配重侧	−30.63	2.43	1.50
28 号	非配重侧	14.83	1.59	1.75

7.4.2 配重对转体结构偏心的影响分析

转体结构单向不平衡需配重时，配重及配重后体系新的重心偏移量按以下公式计算

$$W' = \frac{(Ge - M_Z)}{l'} \tag{7-10}$$

$$e' = (W'l' + Ge)/(G + W') \tag{7-11}$$

式中 W'——配重重量；

M_Z——最大静摩阻力矩;

e——称重得到的实际偏心距;

G——转体结构重量;

l'——配重重心至转铰中心距离;

e'——配重后新的偏心距。

双向不平衡结构需要配重时,可以直接按照合偏心距计算配重力矩,然后根据偏心组成分解成顺桥向配重力矩和横桥向配重力矩。由于曲线桥梁梁上配重同时形成顺桥向力矩和横桥向力矩,所以,应在分析配重对偏心影响的前提下进行配重。

根据宁波市轨道交通4号线跨铁路转体桥转体结构配重区域的设置,悬臂端(配重1、3区)的配重同时会产生横桥向偏心力矩,而桥墩外侧配重(配重2区)不会影响顺桥向偏心距。通过有限元分析,得到同时在配重1、3区两侧对称施加配重时与横桥向(曲线内侧)偏心距的关系,如图7-12所示,见表7-5。

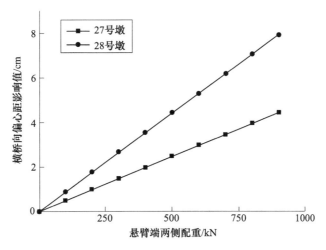

图7-12 转体结构悬臂端两侧配重与横桥向偏心距的影响关系

表7-5 转体结构悬臂端两侧配重对转体结构横桥向偏心距的影响

单侧配重/kN	27号墩/cm	28号墩/cm
0	0	0
100	0.50	0.89
200	1.01	1.79
300	1.51	2.68
400	2.00	3.56

(续)

单侧配重/kN	27号墩/cm	28号墩/cm
500	2.50	4.45
600	2.99	5.33
700	3.48	6.21
800	3.97	7.09
900	4.46	7.97

在配重1区或3区单侧施加配重时，配重与顺桥向、横桥向（曲线内侧）偏心距的关系如图7-13所示，见表7-6。

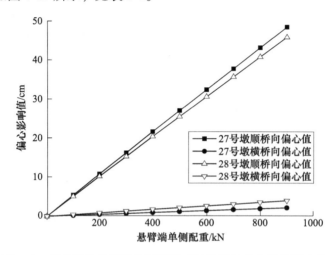

图7-13 转体结构悬臂端单侧配重对转体结构偏心距的影响关系

表7-6 转体结构悬臂端单侧配重对偏心距的影响　　（单位：cm）

配重/kN	27号墩转体结构		28号墩转体结构	
	纵向	横向	纵向	横向
0	0	0	0	0
100	5.47	0.25	5.15	0.45
200	10.92	0.50	10.29	0.90
300	16.37	0.75	15.43	1.35
400	21.80	1.00	20.56	1.80
500	27.21	1.24	25.68	2.25
600	32.62	1.49	30.80	2.69
700	38.00	1.73	35.91	3.14
800	43.38	1.98	41.02	3.59
900	48.74	2.22	46.11	4.03

在配重 2 区位置配重主要影响横桥向偏心，配重与横桥向（曲线外侧）偏心距的影响如图 7-14 所示，见表 7-7。

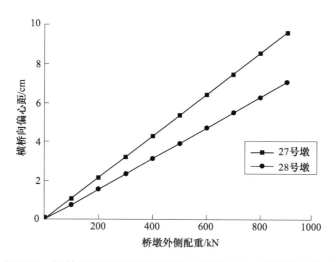

图 7-14 转体结构在桥墩外侧配重对横桥向偏心距的影响关系

表 7-7 转体结构在桥墩外侧配重对横桥向偏心距的影响

配重/kN	27 号墩/cm	28 号墩/cm
0	0	0
10	1.08	0.79
20	2.15	1.58
30	3.22	2.37
40	4.29	3.15
50	5.35	3.94
60	6.41	4.72
70	7.47	5.51
80	8.53	6.29
90	9.58	7.07

由上述分析结果可以看出，转体结构顺桥向配重会产生横桥向偏心距的改变，但横桥向配重对顺桥向偏心距的影响可以忽略，因此，曲线连续刚构的配重应遵循"先顺再横"的原则。此外，横向配重应充分考虑转体结构的横向受力变形，应将该部分变形考虑在配重效果内。

7.4.3 配重

转体结构可通过配重使结构处于绝对平衡状态，形成中心支承转体方式，也可允许转体结构保留一定的偏心，形成中心球铰与撑脚共同支承的转体方式。前者偏心距很小，转体过程中可能会在偶然因素干扰下，出现体系摇摆的情况。后者在转体过程中转体结构略呈倾斜态势，转体结构形成球铰及撑脚两点或多点竖向支承，增加了转动过程中竖平面内的稳定性。由于部分撑脚支承于滑道可以使转体结构在平转时更加平稳，但需控制撑脚支承力不至于过大，导致增加过大的平转摩擦力矩。一般转体结构实施配重后，应满足新的重心偏移量控制在 $5\text{cm} \leqslant e \leqslant 15\text{cm}$ 范围。

为了达到上述较佳的配重效果，需要控制配重后不平衡合力矩 M'_G 略大于摩擦力矩 M_Z。

对于 27 号墩转体结构，根据称重结果，转体结构自重 $G = 81626\text{kN}$，$M_Z = 5127\text{kN} \cdot \text{m}$，顺桥向偏心距 $e_S = 17.3\text{cm}$（跨中侧），横桥向偏心距 $e_H = 5.3\text{cm}$（偏向曲线内侧），合偏心距 $e = 18.1\text{cm}$。合偏心距超出 $5\text{cm} \leqslant e \leqslant 15\text{cm}$ 上限，为了进一步减小撑脚支承力及牵引力，需对其进行配重调整。由 M_Z 和转体结构重量 G（配重的影响远小于 G，可以忽略），按式（7-11）可得，当 $e > M_Z/G = 6.3\text{cm}$ 时，达到撑脚支承于滑道的状态。为尽可能在横桥向配重 2 区不配重，根据表 7-6 分析结果内插，在边跨侧悬臂端配重 1 区配重 185kN，顺桥向偏心距可减小 10.1cm，同时该配重会导致横桥向向曲线内侧的偏心增大 0.45cm。如此配重后，实际顺桥向偏心距 $e_S = 7.2\text{cm}$（跨中侧），横桥向偏心距 $e_H = 5.8\text{cm}$（偏向曲线内侧），合偏心距 = 9.2cm，符合偏心距合理范围。实际施工中经此方案配重后，对角线上撑脚支承于滑道，但支承力较小，对于牵引力影响小，可以保证平稳转体。

对于 28 号墩转体结构，根据称重结果，转体结构自重 $G = 156013\text{kN}$，$M_Z = 12270\text{kN} \cdot \text{m}$。转体结构横桥向偏心距 $e_H = 9.0\text{cm}$（偏向曲线外侧），顺桥向偏心距 $e_S = 1.1\text{cm}$（偏向跨中侧），合偏心距 $e = 9.1\text{cm}$。由 M_Z 和转体结构重量 G，按式（7-11）可得，当 $e' > M_Z/G = 7.9\text{cm}$ 时，达到撑脚支承于滑道的状态。而根据称重结果，合偏心距 $e = 9.1\text{cm}$，略大于控制值 7.9cm，可见该状态能较好地满足撑脚支承于滑道，且撑脚支承力较小的控制标准，故不再进行配重。

在确保转体结构抗倾覆稳定性情况下，当偏心距较大导致撑脚支承力过大时，需要进一步验算撑脚和转体牵引力。

上述双向不对称称重试验与配重方案有效保证了该工程转体施工的平稳顺畅。

7.5 小结

对曲率影响下曲线桥梁转体结构可能产生双向偏心的情况,本章以宁波市轨道交通 4 号线跨铁路转体桥为例,通过分析曲线转体结构平衡状态,提出了双向不平衡称重试验方法并推导了计算公式,设计了称重试验和配重实施方案。有以下几个方面经验可供同类桥梁参考。

1)在转体结构临时锁定解除过程中,应加强转体结构位移观测,以初步判断不平衡状态,为设计双向不平衡称重试验方案提供依据。

2)由于球铰的中心对称特点,可以假定转体结构在任意方向发生刚体转动时的静摩擦系数一致,可减少顶升次数,提高称重试验效率。

3)配重对于调节顺桥向偏心敏感,而对于横向偏心不敏感,在配重方案设计时,宜采用"先顺后横"的配重策略,同时以合偏心距控制为目标,调节顺桥向偏心距为主,调节横向偏心距为辅,并充分考虑曲率影响下顺桥向配重对横桥向偏心的影响。

4)以配重后不平衡合力矩略大于摩阻力矩为合偏心距控制目标,既可使撑脚着地,以提高转体结构稳定性,又可控制撑脚较小的支承力,从而控制转动牵引力,还能减少配重量。

第 8 章

撑脚主动支承的偏心转体施工

根据前文分析，因平面曲率原因，曲线连续刚构转体结构存在较大的横桥向偏心，4.2 节讨论了利用配重、辅助支承系统以及调整转铰位置预设偏心等三种调整偏心的方法，目的在于使转体结构的理论重心与转铰中心重合，形成理论上的中心支承转体结构。但当横桥向偏心较大时，配重方式、辅助支承系统存在调整空间不足等问题而无法实施，而调整偏心位置则在一定程度上增大了桥墩和承台尺寸。宁波市轨道交通 4 号线跨铁路转体桥梁转体结构最大横向偏心 2.2m，设计中通过桥墩加宽方式大幅增大了桥墩和承台尺寸。根据第 6 章和第 7 章，这种转体结构设计为顺利转体奠定了基础。

实际施工中，通过称重试验和配重，使得转体结构部分撑脚支承于滑道，形成中心与撑脚共同支承体系。但由于撑脚支承导致转体结构有微小倾斜，在高桥墩、大悬臂情况下，撑脚支承导致悬臂端部产生较大的位移，对于曲线桥梁而言，这个位移既有横桥向位移和顺桥向位移，也有竖向位移，一方面影响了合龙精度控制；另一方面，转体到位后必须重新调整转体结构姿态方能进行合龙施工。

本章将在撑脚支承基础上，提出一种保留部分偏心的转体结构体系，变撑脚被动支承为主动支承的转体方式，以避免转体结构姿态变化和合龙前的姿态调整。

8.1 撑脚支承对转体结构姿态的影响

无论临时约束解锁后，还是称重配重结束后，转体结构在小量的偏心作用下部分撑脚支承于滑道，由于撑脚与滑道间留有 2cm 左右的少量空隙，导致整个转体结构产生了转动位移。对于曲线连续刚构转体结构，撑脚支承形成转体结构空间变形，悬臂端部产生顺桥向、横桥向和竖向的位移，尤其对于高墩大悬臂的转体结构，该变形在控制转体到位和合龙时不可忽视。

曲线连续刚构的转体结构存在双向偏心问题，其平衡控制变为四周平衡控制问题，称重配重也采用双向称重配重方式。所以支承滑道的撑脚既有可能是顺桥向位置的撑脚，也可能是横桥向位置的撑脚。宁波市轨道交通 4 号线跨铁路转体桥梁 27 号、28 号墩转体结构墩高超过 20m，悬臂长度长，撑脚支承于滑道后的姿态分析对于控制转体就位和合龙非常关键。根据撑脚与滑道间空隙 2cm，通过几何计算，分别得到了 $1^{\#}\sim3^{\#}$ 单个撑脚支承滑道引起的桥墩倾斜和主梁悬臂端各项位移。图 8-1 为撑脚布置图，计算结果见表 8-1。

由表 8-1 可见，撑脚支承滑道后转体结构引起的梁端位移较大，转体就位控制时需考虑撑脚支承引起的梁端位移，待转体到位后必须通过千斤顶顶升校正姿态后，才能进行合龙。

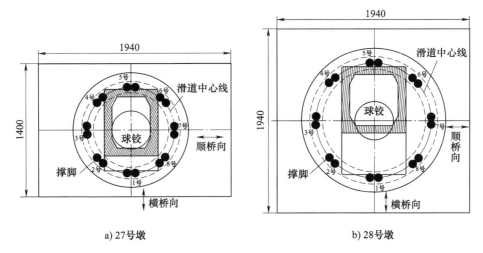

图 8-1　桥墩撑脚布置图

表 8-1　不同撑脚着地桥墩转角及主梁悬臂端位移

转体结构	墩高 /m	悬臂长 /m	支承撑脚编号	桥墩倾斜角 /(°)	主梁悬臂端最大位移		
					竖向位移 /cm	顺桥向位移 /cm	横桥向位移 /cm
27 号	24.4	50	1	0.255	3.7	—	10.8
			2	0.255	18.0	7.6	7.6
			3	0.255	22.5	10.8	—
28 号	22.89	86	1	0.192	4.6	—	7.6
			2	0.192	23	5.4	5.4
			3	0.192	28.8	7.6	—

注：此处横桥向位移和顺桥向位移均以转铰轴线为基准。

8.2 撑脚主动支承的偏心转体结构

8.2.1 撑脚主动支承的偏心转体方案

为了既能通过撑脚支承于滑道保持转体结构的平衡稳定，又能避免转体结构姿态变化，提出一种撑脚主动支承的偏心转体结构方案。其基本原理在于，在曲线转体结构做偏心调整时，主动保留部分偏心距，在偏心侧设置主动支承的撑脚与转铰共同承受转体结构重量，并以千斤顶控制顶力。

第 3.3 节的分析表明，曲线转体 T 构合龙后在二期恒载作用下横向偏心距会减小，所以转体状态下保留一定的结构偏心，有利于抵消二期恒载及运营荷载所产生绕曲线外侧的扭矩。

这种在转体结构中主动预留偏心距，主动控制撑脚支承于滑道的方法，称为撑脚主动支承偏心转体法，其布置如图 8-2 所示。在曲线内侧设置主动支承撑脚，该撑脚类似于 3.1.2 节中齿轮驱动辅助支承系统，一般情况下不使用齿轮辅助驱动，主动支承由三部分组成，最下方为滚轴支承，中间为钢架，上方设千斤顶与下承台连接。利用滚轴减小了主动支承撑脚与滑道间的摩阻系数，以减小牵引力，千斤顶可以获得顶力数据，也可以主动控制顶力。这种主动支承撑脚可以在临时约束解除前设置，顶升千斤顶形成小量顶力，在临时约束解除过程中，因偏心原因顶力逐渐增大，形成中心与撑脚共同支承体系。

对于曲线连续刚构而言，撑脚主动支承的偏心转体体系具有如下优点：
1）能达到转铰和撑脚两点支承，增加转体结构稳定性和转动平稳性的目的。
2）减小转铰中心向内侧偏移量，可有效减小桥墩尺寸和基础尺寸。
3）符合曲线桥梁合龙成桥后偏心距向外侧移（偏心距减小）的受力特点，可以兼顾曲线桥梁成桥后二期恒载和车辆荷载的向曲线外侧扭矩的特点。
4）通过对于主动支承撑脚千斤顶获得支承力，无需横桥向的不平衡称重。
5）主动支承撑脚可以直接支承于滑道，无孔隙，所以撑脚支承滑道不会导致转体结构倾斜，可以减少转体完成后的姿态纠偏工作。

撑脚支承会导致牵引力增大，所以转体结构横桥向主动预留偏心距需通过计算支承力和牵引力确定，在牵引力允许的前提下考虑预留偏心距。

8.2.2 撑脚支承对转体牵引力的影响

转体结构在转铰支承力和主动支承撑脚的支承作用下形成平衡，根据《桥梁水平转体法施工技术规程》（DG/TJ 08-2220—2016）第 4.4.1 条，由于撑脚为主动支承，并非因转体结构绕球铰中心转动导致撑脚被动支承于滑道，所以无需考

第8章 撑脚主动支承的偏心转体施工

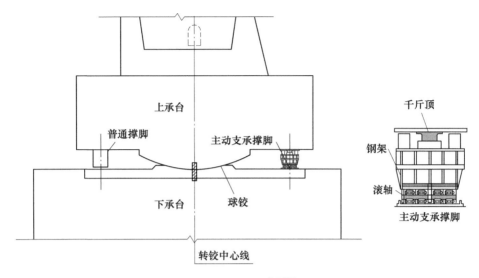

a) 立面图

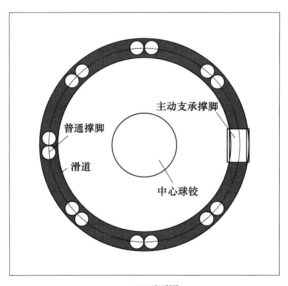

b) 平面图

图 8-2 主动支承撑脚的球铰示意

虑因球铰销轴周边间隙导致球铰中心偏心为 e'，故建立平衡关系如下

$$N_c R' - Ge = 0 \tag{8-1}$$

$$N + N_c = G \tag{8-2}$$

得

$$N_c = \frac{Ge}{R'} \tag{8-3}$$

$$N = G\left(1 - \frac{e}{R'}\right) \tag{8-4}$$

式中　G——转体结构重量；

　　　N——转铰支承力；

　　　N_c——主动撑脚等效支承力；

　　　e——转体结构预留偏心距；

　　　R'——球铰中心至主动支承撑脚中心距离，即环形滑道中心线半径。

根据《桥梁水平转体法施工技术规程》（DG/TJ 08-2220—2016）第 4.5.4 条，中心与撑脚共同支承的转体牵引力可按下式计算

$$T = \frac{2fNR_1}{3D} + \frac{f'N_cR'}{D} \tag{8-5}$$

式中　T——转体牵引力；

　　　D——牵引力耦臂；

　　　f——球铰转动摩擦系数，钢制球铰静摩阻系数取 0.08~0.10，动摩阻系数取 0.03~0.06；

　　　f'——主动撑脚与环道摩擦系数，当环道采用四氟乙烯滑板且撑脚采用不锈钢板时，静摩阻系数取 0.05，动摩阻系数取 0.03~0.04，采用钢制滚轴滚动摩阻系数取 0.02。

由式（8-5）可见，由于撑脚支承了部分转体结构重量，且滑道半径较大，故而撑脚支承会导致更大的转体牵引力，所以，控制撑脚支承力以避免导致过大的转体牵引力，是中心与撑脚共同支承转体所必须考虑的环节。

8.3　撑脚主动支承体系设计可行性分析

8.3.1　27 号墩转体结构设计

宁波市轨道交通 4 号线跨铁路转体桥 27 号墩转体结构重量 81626kN，若保持转铰体系与原设计不变，球铰磨心支承半径 R_1 和球铰半径 R 分别选用 1.5m 和 7m，滑道中心半径 R' 为 4.5m，转盘直径即牵引力耦臂 D 为 12m。主动支承撑脚可以有两种选择，一种采用摩擦系数较小的滚轴支承，一种采用四氟乙烯滑板与不锈钢板接触。现按较大摩擦系数的四氟乙烯滑板与不锈钢板接触计算，静摩擦系数 f' 取 0.05，球铰静摩擦系数取 0.1。原设计通过预设 0.8m 偏心调整为理

论上的中心支承转动体系,现按预留偏心 0.2m、0.4m、0.6m 和 0.8m 按式(8-3)~式(8-5) 分别计算支承力、启动牵引力,并按《桥梁水平转体法施工技术规程》(DG/TJ 08-2220—2016) 第 4.3.6 条进行球铰竖向正应力计算,结果列于表 8-2。

表 8-2　27 号墩撑脚主动支承方案参数分析

预留偏心距 e /m	转体结构自重 G /kN	球铰支承力 N /kN	撑脚支承力 N_c /kN	启动牵引力 T /kN	球铰竖向应力 σ /MPa	牵引力增大比例 (%)
0	81626	81626	0	680	11.55	0
0.2	81626	77998	3628	718	11.03	5.6
0.4	81626	74370	7256	756	10.52	11.2
0.6	81626	70743	10883	794	10.01	16.8
0.8	81626	67115	14511	831	9.49	22.2

27 号墩转体结构原设计启动牵引力 739kN,选用 11-ϕ^s 15.2 钢绞线,启动时钢绞线应力 480MPa,安全系数为 3.8。由表 8-2 分析结果可见,采用预留偏心距撑脚主动支承体系,若 27 号墩转体结构不做预偏心,即保持 0.8m 的偏心距,启动牵引力较中心支承增大 22.2%,较原设计启动牵引力增大 12.4%,安全系数为 3.4。通过适当增加牵引索钢绞线数量和增大千斤顶,或启动时增加辅助千斤顶顶推,可以达到顺利转体的目标。当然,如果将主动撑脚支承改为武汉市常青路跨铁路主桥转体桥梁所用的滚轴支承的撑脚,牵引力还可以进一步减小。

由计算结果可见,当预设偏心距为 0.6m 以上时,主动支承撑脚的支承力超过 10000kN,需加强撑脚承载力,或设置两组主动支承撑脚。所以,对于 27 号桥墩,应以预留 0.6m 偏心距,并在曲线内侧横桥向设置 1 组主动支承撑脚为宜,这样该转体结构仅需调整 0.2m 偏心距,可以通过桥墩几何中心与转铰中心偏离 0.2m 调整,无需进行桥墩截面的调整。

8.3.2　28 号墩转体结构设计

28 号墩转体结构重量 156013kN,若保持转铰体系与原设计不变,球铰磨心支承半径 R_1 和球铰半径 R 分别选用 2m 和 8m,滑道中心半径 R' 为 6m,转盘直径即牵引力耦臂 D 为 15m。主动支承撑脚按四氟滑板与不锈钢板接触取静摩擦系数 f' 为 0.05,球铰静摩擦系数取 0.1。原设计通过预设 2.2m 偏心调整为理论上的中心支承转动体系,现按预留偏心 0.2m、0.4m、0.6m、0.8m 和 1.0m 分别计算支承力、启动牵引力和球铰竖向正应力,结果列于表 8-3。

表 8-3 28 号墩撑脚主动支承方案参数分析

预留偏心距 e /m	转体结构自重 G /kN	球铰支承力 N /kN	撑脚支承力 N_c /kN	启动牵引力 T /kN	球铰竖向应力 σ /MPa	牵引力增大比例 (%)
0	156013	156013	0	1387	12.42	0
0.2	156013	150813	5200	1445	12.00	4.2
0.4	156013	145612	10401	1502	11.59	8.3
0.6	156013	140412	15601	1560	11.17	12.5
0.8	156013	135211	20802	1618	10.76	16.7
1.0	156013	130011	26002	1676	10.35	20.8

28 号墩转体设计启动牵引力 1511kN，选用 21-ϕ^s15.2 钢绞线，启动时钢绞线应力 514MPa，安全系数为 3.6。由表 8-3 分析结果可见，采用预留偏心距撑脚主动支承体系，当转体结构预留 1.0m 的偏心距，启动牵引力较中心支承增大 20.8%，较原设计启动牵引力增大 11%，安全系数为 3.2。通过适当增加牵引索钢绞线数量和增大千斤顶，或启动时增加辅助千斤顶顶推，增大牵引索的安全系数。

由计算结果可见，当预设偏心距为 0.4m 以上时，主动支承撑脚的支承力超过 10000kN，所以，对于 28 号墩转体结构，应以预留 0.6m 偏心距，并在曲线内侧横桥向和对角线上设置 2 组主动支承撑脚为宜。

8.4 小结

1）通过预留部分偏心的撑脚主动支承体系，是一种将辅助支承系统和调整转铰中心位置相结合的方法，适用于解决存在较大偏心的转体结构，同时又能通过主动支承的撑脚及撑脚上千斤顶，避免因撑脚被动支承引起转体结构姿态的调整。

2）尽管这种方法尚处于方案设计阶段，但由于辅助支撑系统已经在武汉市常青路跨铁路主桥转体桥梁、襄阳市环线提速改造工程跨襄阳北编组站大桥有了成功的应用，本章提出的方案中的辅助支撑系统还去掉了齿轮传动系统，体系更简单；同时，宁波市轨道交通 4 号线跨铁路转体桥通过桥墩宽度调整最大偏心 2.2m，也取得了成功应用，所以这种方法具备可行性。

3）这种撑脚主动支承的偏心体系，具备以下特点：
①转铰和撑脚两点或多点支承加转体结构稳定性和转动平稳性好。
②减小转铰中心向内侧偏移量，可有效减小桥墩尺寸和基础尺寸，也可以兼

顾曲线桥梁成桥后二期恒载和车辆荷载作用的受力特点。

③通过对于主动支承撑脚千斤顶获得支承力，可以减少或取消不平衡称重。

④主动支承撑脚直接支承于滑道，无间隙，撑脚支承滑道不会导致转体结构倾斜，可减少转体完成后的姿态纠偏工作。

4）所以这种结合两种方法的新思路可以减少偏心调整量，为更大偏心的转体结构（曲率半径更小或跨径更大）的设计施工提供了新方法。

5）针对宁波市轨道交通4号线跨铁路转体桥转体结构的模拟设计可见，28号墩转体结构可以预留0.6m偏心距，并在曲线内侧横桥向和对角线上设置2组主动支承撑脚为宜；27号墩转体结构可以预留0.6m偏心距，并在曲线内侧横桥向设置1组主动支承撑脚为宜，这样该转体结构仅需通过桥墩几何中心与转铰中心偏离0.2m调整，可恢复27号桥墩等截面设计。

第 9 章

曲线连续刚构的球铰应力

　　转体结构在转动时，球铰两个方向的摩阻力矩与牵引转动及抗倾覆稳定相关，而球铰上下转动面之间的摩阻力来源于球铰的接触应力，理论上，球铰摩阻力矩为接触球面上任意点的接触压应力与该点及转动中心或球面圆心距离的乘积在球面上的积分，所以摩阻力与球铰接触应力密切相关，这直接影响摩阻力矩的计算正确性，从而影响平衡稳定性预测和牵引力计算。桥梁施工规范推荐的球铰应力计算非常简单，将球铰简化为平面，直接按平均应力计算球铰应力，球铰摩阻力矩计算也是直接将球铰应力等效简化为距离球铰中心 2/3 球铰支承半径位置处的圆周分布线荷载，显然，需要考证这样的计算方法的合理性。

　　本章通过分析对比球铰应力简化计算方法与基于弹性力学和接触力学理论的转体球铰接触应力计算方法，并通过模型试验验证和有限元数值模拟对比，提出了球铰接触应力以及球铰摩阻力矩的计算方法建议[41]。

9.1　球铰应力计算方法研究概述

　　Hertz 于 1882 年发表的文章《论弹性固体的接触》中首次提出接触力学理论，并给出在正压力作用下两个非协调接触弹性球体的接触应力的解析解，为球铰接触应力计算提供了理论基础。然而，Hertz 接触理论存在弊端，原因在于 Hertz 接触理论忽略诸多因素如滑动、滚动接触或是接触后物体发生形变而导致接触面变化等在接触理论中的影响，是一种非协调接触。Hertz 接触理论中的非协调接触相较于协调接触最大区别在于两物体的接触面上。当接触为协调接触时，随着荷载增加，两接触物体会发生形变，导致接触面面积增加，当接触面尺寸与两接触物体尺寸相近时，与 Hertz 接触理论假设相违背，而此时 Hertz 理论将不再适用[42]。转动体系球铰接触面便是协调接触形式之一，球铰接触应力从上下球铰接触伊始便存在，随着荷载的增大，上下球铰之间的接触面产生变化，应力状态也会随之发生变化，所以接触情况影响了球铰的应力分布。

　　球铰竖向转动临界力矩计算的核心内容是球铰竖向转动摩阻力矩的计算，该问题的研究主要从以下两个方面展开。

　　第一方面是球铰接触应力的计算问题。规范[36]将球铰球面接触简化为平面接触问题，计算方法简单明确，球铰接触应力均匀分布，随着转体吨位的不断增大，简化算法的偏差会随之增大[28]。所以，以更符合实际情况的理论假定来提高球铰应力计算精度是球铰接触应力理论研究的重要方向。首先是对球铰平面接触简化模型的改进。王立中[43]针对球铰接触应力计算值偏小的问题提出了赫兹接触算法，初步估计了转盘的接触应力并通过有限元验证，但是结果表明，采用赫兹接触算法计算的应力较有限元模拟结果仍偏小。实际球铰接触应力不均匀，呈现中心小而周边大的现象，与非赫兹接触理论计算结果存在差异，薛飞等[44]基于有限元分析结果对非赫兹接触理论计算结果进行修正，提出了修正计算公式。车晓军等[45]基于弹性力学在半平面体水平边界上作用集中荷载的力学计算模型，提出了在半平面体边界上作用集中荷载的力学计算模型，通过实测数据验证与简化计算存在差异，此模型从计算方法上比较简单，相比于规范方法，主要对球铰接触面由平面修正为球冠面，但依然是一种比较简化的近似计算。左敏等[46]在弹性力学求解两球体边界受接触应力基础上，提出了半空间体水平边界上作用均布荷载的假定计算接触应力，并考虑球铰转动过程受牵引力、摩擦力共同作用，计算球铰所受复杂应力状态下主应力的大小，并根据屈服强度理论推导出该类桥梁所受正应力的强度条件；经与数值模拟结果和规范等计算结果进行对比，结果表明，基于强度理论计算的球铰接触应力较其他算法更接近数值模拟结果，体现出从球铰中心向四周分布的不均匀性性，四周应力大于中心，研究还指出转动摩擦力与牵引力对球铰应力的影响明显。黄仕平等[47-49]依据接触力学理论，考虑了聚四氟乙烯滑块在接触过程中的受力情况，提出了简化的弹簧模型模拟上下球铰的接触，计算得到的球铰表面接触应力呈现出中间向两边逐渐增大的分布特征，按照获得的接触应力分布计算摩擦力，比规范方法更接近试验值。综上，尽管球铰用于转体施工的工程实践非常丰富，但从目前工程中主要应用的还是规范规定的应力均匀分布的简化计算公式，虽然计算方法简单，但通过不断实践也发现其与实际的应力分布不符合，主要反映在应力状态呈现中间小四周大的状态，虽然有各种修正的计算公式，但未能形成统一。

另一方面是球铰摩阻力矩的计算方法。魏峰等[50]认为球铰接触摩擦面上微元对过球铰中心竖转轴线的力臂为定值，摩阻力矩为球铰接触摩擦面每个微面积上的摩擦力对球铰竖转法线的力矩之和；颜惠华等[51]研究发现球铰竖向转动并非绕着球铰中心转动，而是绕过球铰中心且与转动方向垂直的旋转轴旋转，并指出沿转动方向的微圆环上各点至旋转轴距离相等但各微圆环到旋转轴距离不同，从而对先前的计算方法进行了改进；杨伟[52]结合了半空间体边界作用集中荷载模型计算的球铰接触应力对颜惠华等的计算公式进行了优化，但忽视了该球铰接触应力计算模型导致的微圆环各点应力不同的现象。车晓军等[35]在估计球铰接触压应力呈二次分布的基础上，通过球铰接触应力的球面积分推导了球铰摩阻力矩计算公式。李全乐等[53]基于弹性力学半空间体边界作用集中力理论得到的球铰接触面上的应力分布,经进一步推导得出两种倾覆模式各自的临界力矩表达式,揭示出转体系统倾覆模式与摩擦系数、球铰几何参数的关系。结合成贵铁路西溪河大桥工程实例,对应用摩擦系数、球铰几何参数判别转体系统倾覆模式做了具体分析。

可见,平转球铰接触应力计算理论、倾覆失稳临界力矩计算方法以及转动体系数值模拟的研究已取得了一定成果。但目前平转球铰接触应力计算模型多为平面简化模型,难以反映球铰接触应力由内向外先减小后增大的分布规律。

9.2 球铰应力简化计算方法

关于球铰应力计算理论最常用的有规范计算公式法、赫兹接触计算法。这两种方法均对球铰接触模型做了一定程度的简化,对应的球铰接触模型与理论计算公式如图 9-1 所示,见表 9-1。

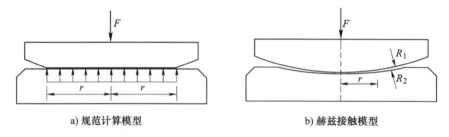

a) 规范计算模型　　　　　　　　　　b) 赫兹接触模型

图 9-1　球铰接触应力简化模型

表 9-1　球铰接触应力计算模型

接触应力计算理论模型	接触应力计算公式	备注
规范计算模型	$\sigma = \dfrac{F}{\pi r^2}$	
赫兹接触模型	$\sigma = \sigma_0 \left(1 - \dfrac{r^2}{a^2}\right)^{1/2}$ $\sigma_0 = 0.388 \left[\dfrac{FE(R_1+R_2)^2}{R_1^2 R_2^2}\right]^{1/3}$ $a = 1.11 \left[\dfrac{FR_1 R_2}{E(R_1+R_2)}\right]^{1/3}$ 为接触半径	R_1——下球铰半径 R_2——上球铰半径 E——球铰弹性模量

上述简化计算理论将复杂的曲面应力分布简化成了简单明了的平面应力分

布，同时也默认假设球铰受荷载时不产生偏心，这与实际工程中球铰受力相差较大。

9.3 基于半空间体的球铰接触应力计算理论

9.3.1 半空间体边界受法向集中力作用[41]

以如图 9-2 所示的半球空间体作为球铰应力计算的模型，如果假定球铰承受的竖向荷载以集中力方式作用于半球空间体上表面边界上，即半空间体边界受法向集中力作用计算模型。

根据弹性力学可知，半空间体在水平边界上受法向集中力 F 的受力问题为轴对称空间问题，其对称轴即为集中力 F 的作用线。因此，建立以集中力 F 作用点为坐标原点，集中力作用方向为 z 轴的直角坐标系。其力的平衡方程为

$$\int_0^\infty \sigma_z 2\pi\rho d\rho + F = 0 \tag{9-1}$$

忽略体积力，可得到应力边界条件为

$$(\sigma_z)_{z=0,\rho\neq0} = 0 \tag{9-2}$$

$$(\tau_{zp})_{z=0,\rho\neq0} = 0 \tag{9-3}$$

式中 σ_z ——z 方向的正应力；

τ_{zp}——z 平面的剪应力；

ρ——欲求应力点至球铰支承中心的水平距离。

满足以上条件的任一点 $M(x, y, z)$ 竖向正应力的布西内斯克解答为

$$\sigma_z = -\frac{3Fz^3}{2\pi R^5}$$

式中 R——欲求应力点至球铰支承中心的距离，即 $R = \sqrt{x^2 + y^2 + z^2}$。

对于球铰表面上的点，R 即球铰半径，为定值，所以上式中球铰接触应力与该点与球铰中心的竖直距离 z 的立方成正比，设 OM 连线与 Oz 轴的夹角为 θ，则 $z = R\cos\theta$。所以，球铰接触竖向正应力计算公式为

$$\sigma_z = -\frac{3F\cos^3\theta}{2\pi R^2} \tag{9-4}$$

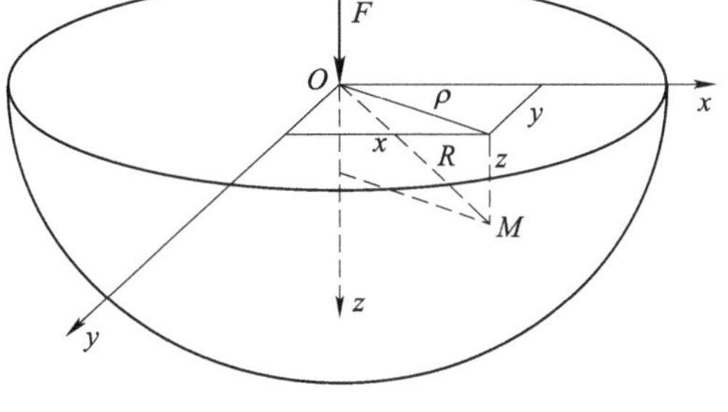

图 9-2 半空间体在边界受法向集中力作用

由式（9-4）可见，从球铰中线到边缘，θ 逐渐增大，球铰接触应力逐渐减

小,但由于球铰对应圆心角较小,接触应力变化幅度不大,以球铰支承圆心角取值的范围一般为 10°~18°,边缘应力是中心应力的 86%~95.5%。

9.3.2 半空间体表面圆形区域内受均布面荷载作用[41]

上节可见,以重心集中力 F 作用于半球空间体上表面中心作为球铰应力计算的模型,球铰应力呈现由中心到边缘逐渐减小的趋势,与实际的球铰应力分布不符。所以,将集中力换算成圆周面上作用均布荷载 q 的计算模型。

半空间体表面圆形区域内受均布荷载作用的任一点应力可根据半空间体边界面上作用集中力通过累加法求得。如图 9-3 所示,半空间体表面在半径为 a 的圆形区域内受均布荷载 q 作用,在 xoy 平面上取微元 $d\xi d\zeta$,该微元距离 y 轴 ξ,距 x 轴 ζ 处,将其上所受 $dF = qd\xi d\zeta$ 视为微小集中力。对于

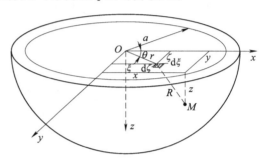

图 9-3 半空间体表面圆形区域内受均布荷载作用

微元荷载引起的欲求应力点 $M(x, y, z)$ 点的竖向应力可应用式(9-4)计算,其中 z 和 R 为欲求应力之点与微元 dF 作用点的竖向距离和间距,且分别对应图 9-3 的 z 及 $R = [(x-\xi)^2 + (y-\zeta)^2 + z^2]^{1/2}$。因此微元均布力 $dF = qd\xi d\zeta$ 在欲求点 M 引起的竖向正应力为

$$d\sigma_z = -\frac{3z^3}{2\pi} \frac{qd\xi d\zeta}{[(x-\xi)^2 + (y-\zeta)^2 + z^2]^{\frac{5}{2}}} \quad (9\text{-}5)$$

为便于积分,将 ξ 和 ζ 由直角坐标系变换为极坐标系 $\xi = r\cos\theta$, $\zeta = r\sin\theta$,则有

$$d\sigma_z = -\frac{3z^3}{2\pi} \frac{qrdrd\theta}{[(x-r\cos\theta)^2 + (y-r\sin\theta)^2 + z^2]^{\frac{5}{2}}} \quad (9\text{-}6)$$

全部分布力引起的欲求应力点 $M(x, y, z)$ 为

$$\sigma_{z(x,y,z)} = -\frac{3z^3}{2\pi} \int_0^a \int_0^{2\pi} \frac{qrdrd\theta}{[(x-r\cos\theta)^2 + (y-r\sin\theta)^2 + z^2]^{\frac{5}{2}}} \quad (9\text{-}7)$$

特别地,接触中心正下方任一点 $(0, 0, z)$ 的压应力为

$$\sigma_{z(0,0,z)} = -\frac{3z^3}{2\pi} \int_0^a \frac{2\pi qrdr}{(r^2+z^2)^{\frac{5}{2}}} = -q\left[1 - \frac{z^3}{(a^2+z^2)^{3/2}}\right] \quad (9\text{-}8)$$

9.3.3 半空间体边界作用面、均布线荷载作用下的球铰接触应力计算模型[41]

为了进一步体现上下球铰接触边缘因上转盘悬出下球铰边缘导致的接触应力激增的球铰应力分布特点，在圆面上作用均布荷载 q 的计算模型基础上，在复合周边圆周线均布荷载。均布荷载作用的计算结果已经在上节得到，所以先进行半空间体表面圆周受均布线压力作用的应力计算的推导。

1. 半空间体表面圆周受均布线荷载作用

半空间体表面圆周受均布线荷载作用的任一点应力可根据半空间体边界面上作用集中力通过累加法求得。如图 9-4 所示，半空间体表面半径为 a 的圆周上受均布线荷载 q 作用，在圆周上取微元 $ad\theta$，该微元距离原点距离为 a，与 x 轴夹角为 θ，将其上所受 $dF = qad\theta$ 视为微小集中力。对于微元均布荷载引起的欲求应力点 $M(\rho, \alpha, z)$ 点的竖向应力可应用式(9-4)计算，其中 z 和 R 为欲求应力之点与微元 dF 作用点的竖向距离和间距，且分别对应图 9-4 的 z 及 $R = [a^2 + \rho^2 - 2a\rho\cos(\alpha-\theta) + z^2]^{1/2}$。

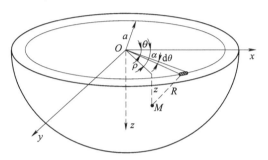

图 9-4 半空间体表面圆形区域内受均布线荷载作用

因此微元线均布荷载 $dF=qad\theta$ 在欲求应力点 M 引起的竖向应力为

$$d\sigma_z = -\frac{3z^3}{2\pi}\frac{qad\theta}{\left[\rho^2 + a^2 - 2a\rho\cos(\alpha-\theta) + z^2\right]^{\frac{5}{2}}} \tag{9-9}$$

全部线均分布力引起的欲求应力点 $M(\rho, \alpha, z)$ 的竖向正应力为

$$\sigma_{z(r,\alpha,z)} = -\frac{3z^3}{2\pi}\int_0^{2\pi}\frac{qad\theta}{\left[\rho^2 + a^2 - 2a\rho\cos(\alpha-\theta) + z^2\right]^{\frac{5}{2}}} \tag{9-10}$$

2. 半空间体表面受均布面荷载及圆周均布线荷载复合作用

考虑到转体桥梁的上承台较厚，转体结构全部重量经由上承台传递至球铰处时受力较为均匀，提出如图 9-5 所示的半空间体边界上作用均布面荷载模型，该模型将转体结构全部重量视为作用在球铰上方的均布面荷载 q_A，见式(9-11)，球铰接触面的应力由该均布面荷载产生，可由式(9-7)计算。

$$q_A = \frac{F}{\pi a'^2} \tag{9-11}$$

式中 F——转体结构重量。

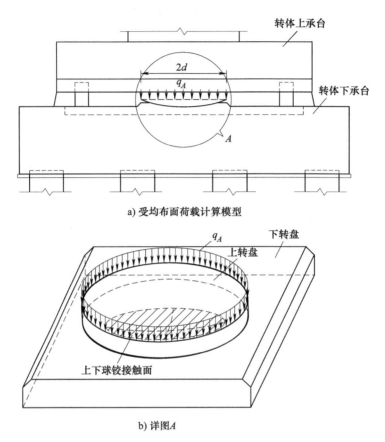

a) 受均布面荷载计算模型

b) 详图A

图 9-5 半空间体边界上作用均布面荷载模型

此外,考虑到球铰边缘应力受上转盘部分悬挑影响而增大的现象,对图 9-5 所示的半空间体边界作用均布面荷载的计算模型进行优化,提出图 9-6 所示的球铰接触应力计算模型。该模型的球铰上方除受到均布面荷载外,将上承台悬挑部分的荷载等效为均布线荷载 q_l [式(9-12)]作用在球铰接触面边缘上方。球铰接触面的应力可由式(9-7)和式(9-10)叠加计算。

$$q_l = \frac{q_A(a'^2 - a^2)}{2a} \tag{9-12}$$

9.3.4 基于均匀法向位移假设的球铰接触应力计算理论[41]

由接触力学可知中,如果球铰接触区域(半径为 a 的区域)范围内所有点的竖向位移都相等,球铰接触面压应力分布满足 $\sigma = \sigma_0(1 - \rho^2/a^2)^{-1/2}$。

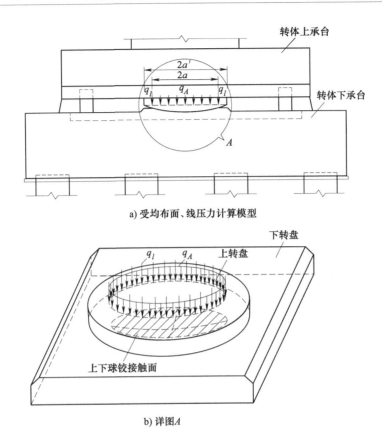

a) 受均布面、线压力计算模型

b) 详图 A

图 9-6 半空间体边界上作用面、线均布荷载模型

当球铰接触面对应夹角角度较小时，球铰接触面平坦，接触范围内竖向位移相等可以近似得到法向位移也都相等。在此假定下，根据半空间体在水平边界上受法向集中力 F 作用计算模型，可以得到相关的接触面应力计算理论，称为基于均匀法向位移假设的球铰接触应力计算理论，具体思路如下。

根据弹性力学可知，半空间体在水平边界上受法向集中力 F 作用，满足式 (9-1)、式 (9-2) 和式 (9-3) 的任一点 $M(x, y, z)$ 变形 (u, v, w) 的布西内斯克解答为

$$\begin{cases} u = \dfrac{1+\nu}{2\pi E}\left[\dfrac{xz}{R^3} - \dfrac{(1-2\nu)x}{R(R+z)}\right]F \\ v = \dfrac{1+\nu}{2\pi E}\left[\dfrac{yz}{R^3} - \dfrac{(1-2\nu)y}{R(R+z)}\right]F \\ w = \dfrac{1+\nu}{2\pi E}\left[\dfrac{2(1-\nu)}{R} + \dfrac{z^3}{R^3}\right]F \end{cases} \quad (9\text{-}13)$$

式中　ν——泊松比；
　　　R——欲求应力点至球铰支承中心的距离，$R = \sqrt{x^2 + y^2 + z^2}$。

特别地，半空间体表面（$z=0$）的位移为

$$\begin{cases} u = -\dfrac{(1+\nu)(1-2\nu)}{2\pi E} \dfrac{x}{\rho^2} F \\ v = -\dfrac{(1+\nu)(1-2\nu)}{2\pi E} \dfrac{y}{\rho^2} F \\ w = \dfrac{1-\nu^2}{2\pi E} \dfrac{1}{\rho} F \end{cases} \tag{9-14}$$

式中　ρ——欲求应力点至球铰支承中心的水平距离，$\rho = \sqrt{(x^2 + y^2)}$。

在接触力学与摩擦学的原理及其应用中，对于接触问题，多研究位移求解[54]。在法向压力 $q(x, y)$ 连续分布的情况下，位移可通过各点单独作用的结果叠加得到，表面位移可以用式（9-15）计算。

$$w = \frac{1}{\pi E^*} \iint_A q(x', y') \frac{\mathrm{d}x'\mathrm{d}y'}{\rho} \tag{9-15}$$

$$E^* = \frac{E}{1-\nu^2} \tag{9-16}$$

式中　E——弹性模量；
　　　ν——泊松比；
　　　ρ——欲求应力点至接触面中心距离，$\rho = \sqrt{(x-x')^2 + (y-y')^2}$；
　　(x, y)——连续分布法向压力面的中心坐标；
　　(x', y')——欲求位移点的坐标。

基于以下假设：

1）假设含球铰接触在内的半空间体表面平坦，接触区域与相对邻近的区域中表面梯度远小于1。

2）假设球铰接触为无摩擦接触问题。大量工程实际案例表明，球铰静摩擦系数为 0.018~0.06，动摩擦系数为 0.02~0.04，球铰接触面摩擦力相对较小，可以忽略不计。

3）假设球铰竖向接触应力分布满足式（9-17），即接触面各点法向位移相等，并忽略上下球铰间滑片和球铰加劲肋的影响。

$$\sigma = \sigma_0 \left(1 - \frac{\rho^2}{a^2}\right)^{-1/2} \tag{9-17}$$

式中　a——球铰支承半径；
　　　ρ——应力点到球铰支承中心的水平距离；

σ_0 ——球铰接触中心的竖向压应力。

由于球铰接触应力分布的旋转对称性，一点的法向位移仅与其距离接触中心的距离有关，因此，只需求球铰支承中心至球铰边缘的某个方向的应力即可，如选择图 9-7 所示的 x 轴方向。由式（9-15）可知，x 轴任一点的位移受接触面上方压应力的影响，其总位移为接触面上所有类似于 B 点的应力对欲求应力点 A 的积分。根据应力分布式（9-17）的旋转对称性，A 点的应力只与 ρ 相关，而 ρ 满足式（9-18）。

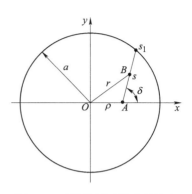

$$r^2 = \rho^2 + s^2 + 2\rho s\cos\delta \quad (9\text{-}18)$$

图 9-7 球铰接触区域内的法向位移计算位置关系

因此，式（9-17）可表达为

$$\sigma = \sigma_0 a\,(\alpha^2 - 2\beta s - s^2)^{-1/2} \quad (9\text{-}19)$$

其中，$\alpha^2 = a^2 - \rho^2$，$\beta = \rho\cos\delta$。

故由式（9-15）可得

$$w = \frac{1}{\pi E^*}\sigma_0 a \int_0^{2\pi}\int_0^{s_1}(\alpha^2 - 2\beta s - s^2)^{-1/2}\mathrm{d}s\mathrm{d}\delta \quad (9\text{-}20)$$

其中，s_1 为方程 $\alpha^2 - 2\beta s - s^2 = 0$ 的正根，则有

$$\int_0^{s_1}(\alpha^2 - 2\beta s - s^2)^{-1/2}\mathrm{d}s = \frac{\pi}{2} - \arctan(\beta/\alpha) \quad (9\text{-}21)$$

因为 $\arctan[\beta(\delta+\pi)/\alpha] = -\arctan[\beta(\delta)/\alpha]$，故对 δ 积分为零。进而有

$$w = \frac{1}{\pi E^*}\sigma_0 a \int_0^{2\pi}\frac{\pi}{2}\mathrm{d}\delta = \frac{\pi\sigma_0 a}{E^*} \quad (9\text{-}22)$$

由式（9-22）可以看出，球铰接触面压应力分布满足 $\sigma = \sigma_0(1 - \rho^2/a^2)^{-1/2}$ 时，接触区域 a 范围内各点的竖向位移 w 处处相等。根据圣维南原理，接触面内的竖向应力满足平衡方程式（9-1），即有

$$F = \int_0^a \sigma_0 \left(1 - \frac{\rho^2}{a^2}\right)^{-1/2} 2\pi\rho\mathrm{d}\rho = 2\pi\sigma_0 a^2 \quad (9\text{-}23)$$

由此可得

$$\sigma_0 = \frac{F}{2\pi a^2} \quad (9\text{-}24)$$

$$\sigma = \frac{F}{2\pi a^2}\left(1 - \frac{\rho^2}{a^2}\right)^{-1/2} \quad (9\text{-}25)$$

式（9-24）即球铰的平均应力，球铰中心应力为球铰的平均应力，当球铰边缘时，球铰应力剧增。

9.4 球铰接触应力试验研究

上下球铰为半径略有差异的两个球冠,两者近中心位置接触,随着荷载增加,上下球铰接触面之间从中心接触到整体面接触发展,为了进一步验证中心受压下球铰应力分布规律,探究接触面演变过程对应力分布变化的影响,开展了球铰的缩尺模型试验研究[55],以更好验证球铰接触应力计算方法。

9.4.1 试验参数与设计制作

以宁波市轨道交通4号线跨铁路转体桥28号墩的转动体系为原型,按照1:30比例制作转体球铰缩尺模型,将球铰按上转盘和下转盘分别制作成两个桶体,桶体内灌注混凝土。

上转盘由上球铰、钢套筒两部分焊接而成,如图9-8所示。球铰球冠半径R为648mm,球铰磨心支承半径R_1为200mm,并向外延伸30mm做水平边缘,球铰钢板厚度15mm,球面内设十字加劲肋,高95mm,肋板厚5mm,球铰上设外直径460mm、高300mm、厚度3mm的钢桶,桶内灌注混凝土,钢桶四周正交设置4个钢牛腿,供变形测量所用。

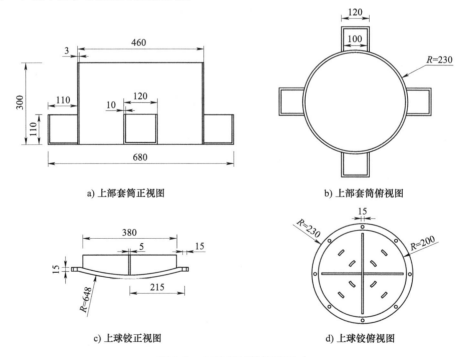

图9-8 上转盘试件构造尺寸

下转盘由下球铰、钢套筒、底板三部分焊接而成，如图 9-9 所示。球铰球冠半径 R 为 650mm，球铰磨心支承半径 R_1 为 162.5mm，并向外延伸 37.5mm 做水平边缘，球铰钢板厚度 15mm，球面内设十字加劲肋，高 90mm，肋板厚 5mm，球铰下设外径 400mm、高 100mm、厚度 3mm 的钢桶，桶内灌注混凝土，下转盘下设钢底板，尺寸为 900mm×900mm，厚度 10mm，四周设 4 个直径 60mm 的锚固孔，以将下转盘锚固于反力架上。

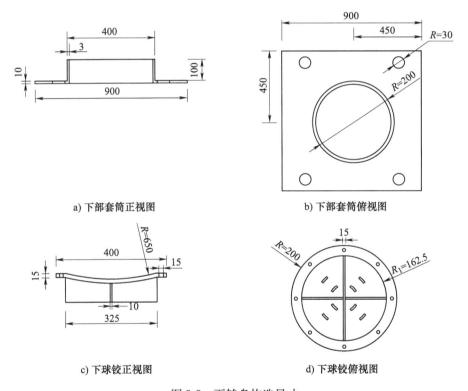

图 9-9 下转盘构造尺寸

上、下球铰采用 45#钢，抗拉强度为 600MPa，屈服强度为 355MPa，其他组件采用 Q235 钢材，屈服强度为 235MPa，桶内混凝土为 C35 混凝土。

上下转盘钢构件实物照片如图 9-10 所示。

在下球铰内部十字加劲肋根部布置四组测试球铰竖向应力的应变片，分别距离转铰中心 2cm、4cm、8cm、12cm、16cm，合计 20 个应变片，如图 9-11 所示。

上下转盘分别组装后在钢套筒内浇筑 C35 混凝土浇筑。浇筑前，在球铰表面涂抹润滑油，并包裹保鲜膜密封隔水，避免生锈影响后续轴压试验。

a) 构建零件图　　　　　　　　b) 转体焊接组装完成

图 9-10　试验试件实物

9.4.2　球铰中心受压试验

上下球铰组装后的加载装置如图 9-12 所示,利用压力传感器读取加载力,圆筒四周安装千分表量测球铰竖向位移,以静态应变仪读取球铰竖向应变。

图 9-11　球铰竖向应变片布置　　　图 9-12　球铰应力试验加载装置

试验采用液压千斤顶加载于圆筒中心,按 70kN、150kN、250kN、300kN、400kN、500kN 分 6 级逐级加载。

图 9-13 为中心加载各级荷载下,加劲肋十字交叉的 4 条肋底部应变的分布图,横坐标为测点距离球铰中心的距离,从 4 条肋的应变分布可见,应变基本一致,表示中心受压试验加载对称性好。从应变随荷载增大的发展趋势看,加载初

期，球铰中心应变较大，而球铰接触面边缘应变基本为0；随着加载增大，球铰边缘应变逐渐增大，逐步呈现出中心和周边大，而中部较小的态势；但从发展趋势看，荷载从300kN增加到500kN，中心附近应力增幅较小，且有逐渐停止增长趋势，而中部与四周的应变增长较大，中部应变逐渐与中心应变接近。

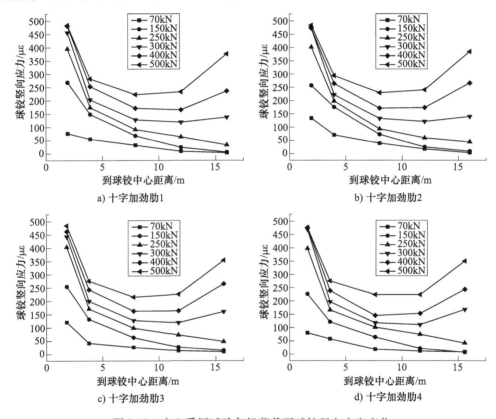

图9-13 中心受压试验各级荷载下球铰竖向应变变化

本次试验因加载设备原因，仅加载到500kN，为了进一步分析荷载继续加大对应变的影响，通过有限元分析补充了后续发展趋势，如图9-14所示。由图可见，前期有限元分析结果与试验结果类似，当荷载进一步增大后，球铰中心和中部应变逐渐趋于相同，而周边应变则快速增大。

下面考察荷载增加过程中球铰周边的竖向变形，如图9-15所示。由图可见，加载初期，球铰四周变形基本呈线性变化，待加载至300kN后，球铰边缘竖向位移变化至0.35mm左右，荷载-位移曲线出现拐点，此后球铰周边变形幅度明显减小，综合加载至300kN后球铰四周应变明显增大的现象，说明此时上下球铰接触面已基本贴合，球铰变形消除了上下球铰半径差引起的空隙，球铰开始全部参加承压工作。

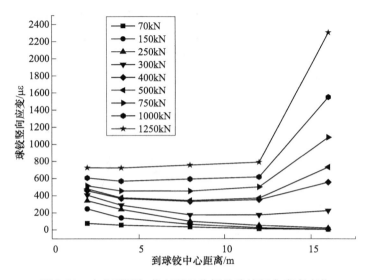

图 9-14 中心受压加载有限元分析的球铰竖向应变变化

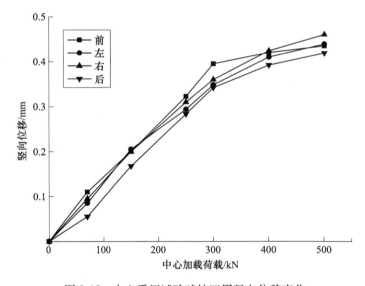

图 9-15 中心受压试验球铰四周竖向位移变化

通过球铰的中心受压模型试验，由于上下球铰面半径不同，球铰在受力过程中经历由中心区域接触受力到全接触面受力过程的演变，所以，前期中心区域受力集中，待荷载增大后，上球铰面向下变形逐渐与下球铰面完全接触，周边和中部应力逐步提升，待上下球铰面完全接触后，球铰周边和中部应力分布均匀，而周边应力大幅上升。

9.5 球铰接触应力计算建议

9.5.1 球铰接触应力有限元分析

以宁波市轨道交通4号线跨铁路转体桥28号墩的转动体系为例,采用有限元程序ABAQUS建立转动体系局部模型,如图9-16所示。模型中,采用C3D8R三维实体线性减缩积分单元模拟桥墩、上承台、下承台以及上下球铰,采用S4R壳单元模拟球铰加劲肋,采用T3D2桁架单元模拟预应力钢束。球铰、球铰加劲肋以及预应力钢束等钢材的本构关系采用理想弹塑性模型,桥墩、上下承台等混凝土本构关系采用混凝土损伤塑性模型,其中膨胀角和黏性系数分别取38°和0.005,偏心率、混凝土双轴极限抗压强度与单轴极限抗压强度的比值f_{b0}/f_{c0}及不变应力比K分别取0.1,1.16,0.6667,本构关系采用《混凝土结构设计规范》(GB 50010—2010)中的单轴受拉压的应力应变曲线。模型中,桥墩与上承台采用绑定约束,下承台下表面设置固定约束,预应力钢束通过嵌入的方式至混凝土承台体内,球铰与承台混凝土之间通过共节点的方式连接,上下球铰建立面—面接触,定义切向行为的静摩擦系数为0.06,法向行为采用"硬"接触以实现球铰间的接触和分离过程。

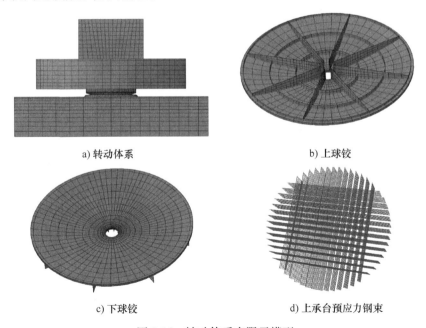

a) 转动体系　　　　　　　　b) 上球铰

c) 下球铰　　　　　　　　d) 上承台预应力钢束

图9-16　转动体系有限元模型

9.5.2 计算结果对比及计算方法建议

根据有限元分析,并将规范平面接触模型、半平面体边界作用集中力模型、赫兹接触模型、半空间体边界作用均布面荷载模型、半空间体边界作用均布面、线荷载模型以及基于均匀法向位移假设的接触应力计算理论所计算得到的球铰接触应力,结合有限元分析结果,列于图9-17[41]。

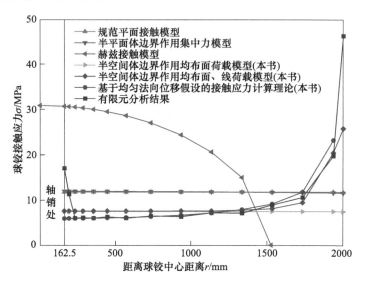

图9-17 不同计算方法的球铰接触应力计算结果

由图9-17可以看出,规范平面接触模型、半平面体边界作用集中力模型结果相近,尤其是平面接触模型计算方法简单,属于简单实用近似计算方法。赫兹接触模型计算结果偏差较大,参照荷载试验,是属于上下球铰未全面接触的计算模型,而实际工程中,在转体结构重量作用下,上下球铰之间已经形成了完全接触,所以计算结果偏差较大;本书提出的半空间体边界作用均布面荷载模型大部分位置与有限元分析结果接近,但在中心和边缘相差较大,而在此基础上形成的半空间体边界作用均布面、线荷载模型则可以较好反映出球铰应力结果,尤其体现出边缘应力较大的受力特点,而基于均匀法向位移假设的接触应力计算理论与有限元结果吻合较好,也反映出模型试验得到的结果。

综述模型试验、有限元计算及各种不同计算方法所得的球铰接触应力计算结果,对于球铰接触应力有以下几个方面的建议:

1)由于上下球铰面半径差异,球铰应力的形成过程与上下球铰面由中心接触逐渐向完全接触过渡相关,全部接触后周边应力较大,需要对球铰做适度延伸,同时边缘混凝土配筋应予以适当加强,以提高承载力,尤其是下球铰面下混凝土。

2）各种球铰接触应力计算受方法的基本假定影响，存在较大的偏差。

3）规范规定的球铰计算方法，将球铰的球面接触问题简化为平面接触问题，球铰接触应力均匀分布，无法反映球铰接触应力沿球铰径向的实际变化状态，但除了边缘和中心附近应力较大，其余均大于球铰的有限元计算结果，可以认为能偏安全反映球铰的平均应力状态。

4）半平面体边界作用集中力计算模型，所得的球铰接触应力与规范计算值接近。

5）赫兹接触模型认为上、下球铰在转体结构重力作用下球铰中心发生局部变形而出现一个边界为圆形的接触面，所得的球铰接触应力由中心向四周逐渐减小，最大值出现在球铰中心位置，应力分布规律与有限元结果存在较大的不同，参考模型试验结果，球铰在上下球铰面未完全接触前，应力分布同样存在中心大四周小，由中心向四周减小的过程，所以可以判断，该模型关于球铰中心发生局部变形形成圆形接触面的假定，在加载早期具有合理性，但随着加载增大，成为完全接触，对于转体结构的球铰，转体重量大，球铰上下面一般均形成完全接触。

6）半空间体边界作用均布面荷载模型，所得的球铰接触应力由中心向四周略微减小，除球铰边缘和中心附近外，其余位置接触应力与有限元结果接近。半空间体边界作用均布面、线荷载模型所求得的接触应力由内向外逐渐增大，且与有限元结果接近，该计算模型从力学角度揭示了球铰边缘接触应力激增的原因。

7）基于均匀法向位移假设的接触应力计算理论所求得的球铰接触应力由中心向四周逐渐增大，计算结果与有限元结果非常接近，除球铰边缘和轴销小范围内偏差略大，其余各处接触应力相差在10%以内，这种方法计算方式简单，易于球铰竖向转动失稳临界力矩和球铰摩阻系数计算公式的推导。

9.5.3 球铰支撑转体结构抗倾覆力矩计算

根据3.2.1节所述，为保证转体结构转动过程的稳定性，设计往往将转体结构的重心落于球铰中心，这种形式下转体结构处于球铰中心支承的稳定，通过球铰接触面间的转动摩阻力矩克服倾覆力矩保证转体结构稳定性，一旦倾覆力矩超过球铰接触面间的转动摩阻力矩，体系的失稳形式为球铰竖向转动失稳，如图3-9a所示。该体系结构失稳稳定临界力矩即球铰面最大静摩擦力矩，取决于球铰接触应力和静摩擦系数。

按照《桥梁水平转体法施工技术规程》（DG/TJ 08-2220—2016）第 A.0.1 条[36]，中心支承下球铰面产生抗倾覆力矩按最大静摩擦的 $M_Z = fRG$ 计算，这是一种均匀等效的近似计算方法。

现利用基于均匀法向位移假设得到了球铰接触应力的计算方法进行球铰支撑转体结构抗倾覆力矩的计算。

对下球铰建立图 9-18 所示的坐标系，$O'x'y'z'$ 坐标系经过球心，$O'x'y'$ 平面平行于球冠上平面，z' 轴为球冠中心到球心连线。建立 $Oxyz$ 坐标系，z 轴与 z' 轴重合，Oxy 平面与 $O'x'y'$ 平面平行，且球铰表面 A 点在 Oxy 平面上。在不平衡力矩作用下，转体结构发生以轴 $O'x'$ 为旋转轴的转动。

球铰上 A 点的一微元距离 O 点距离 OA 为 $\rho = R\sin\theta$，与 Oz 轴夹角为 θ，与 Ox 轴夹角为 η，如图 9-18 所示。则微元距离 $O'x'$ 轴的距离 AC 由 $Rt\triangle CAD$ 求得

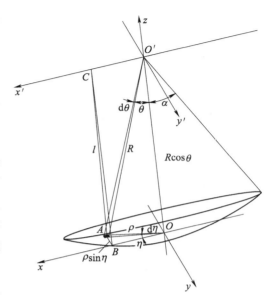

图 9-18 球铰抗竖向转动倾覆力矩计算

$$l = (CB^2 + AB^2)^{1/2} = (R^2\cos^2\theta + \rho^2\sin^2\eta)^{1/2}$$

ρ 为 Oxy 平面截球面得到圆的半径，$\rho = R\sin\theta$，所以有

$$l = R(\cos^2\theta + \sin^2\theta\sin^2\eta)^{1/2} \tag{9-26}$$

基于均匀法向位移假设的球铰接触应力计算公式[式（9-25）]

$$\sigma = \frac{F}{2\pi a^2}\left(1 - \frac{\rho^2}{a^2}\right)^{-1/2}$$

可得微元竖向应力为

$$\sigma = \frac{G}{2\pi R^2 \sin^2\alpha}\left(1 - \frac{\sin^2\theta}{\sin^2\alpha}\right)^{-1/2} \tag{9-27}$$

实际上用于球铰摩阻力矩积分的该微元的径向应力为

$$\sigma_N = \frac{G\cos\theta}{2\pi R^2 \sin^2\alpha}\left(1 - \frac{\sin^2\theta}{\sin^2\alpha}\right)^{-1/2} \tag{9-28}$$

微元面积为

$$dS = R^2\sin\theta d\theta d\eta \tag{9-29}$$

故微元所产生绕 $O'x'$ 轴的摩阻力矩为

$$dM_Z = ldG = lf\sigma_N dS = fGR\frac{\sin\theta\cos\theta}{2\pi\sin\alpha}\sqrt{\frac{\cos^2\theta + \sin^2\theta\sin^2\eta}{\sin^2\alpha - \sin^2\theta}}d\theta d\eta \tag{9-30}$$

整个接触面所产生的球铰竖向转动抗倾覆力矩为

$$M_Z = fGR \int_0^{2\pi} \int_0^{\alpha} \frac{\sin\theta\cos\theta}{2\pi\sin\alpha} \sqrt{\frac{\cos^2\theta + \sin^2\theta \sin^2\eta}{\sin^2\alpha - \sin^2\theta}} d\theta d\eta \quad (9\text{-}31)$$

式（9-31）积分非常复杂，难以得到其简化形式，但其解析解可以通过数学软件计算。考虑到球铰支承圆心角 α 取值的范围一般为 $10° \sim 18°$，可将抗倾覆力矩简化为下式，计算可得系数 a 随球铰支承圆心角 α 的变化规律[35]，如图9-19 所示，见表9-2。

$$M_Z = afGR \quad (9\text{-}32)$$

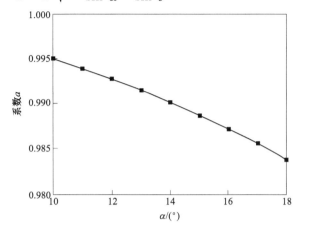

图 9-19 系数 a 随球铰支承圆心角 α 的变化规律

其中

$$a = \int_0^{2\pi} \int_0^{\alpha} \frac{\sin\theta\cos\theta}{2\pi\sin\alpha} \sqrt{\frac{\cos^2\theta + \sin^2\theta \sin^2\eta}{\sin^2\alpha - \sin^2\theta}} d\theta d\eta$$

特别地，当 $\alpha \to 0$，有 $a = 1$。

表 9-2 不同球铰支承圆心角 α 的抗倾覆力矩计算系数 a

圆心角 $\alpha/(°)$	系数 a	圆心角 $\alpha/(°)$	系数 a
10	0.995	15	0.9887
11	0.9939	16	0.9872
12	0.9927	17	0.9856
13	0.9915	18	0.9838
14	0.9902		

由图 9-19 和表 9-2 可以看出，球铰竖向转动抗倾覆力矩系数 a 随球铰支承圆心角 α 的增大呈明显地线性减小，这表明当球铰半径和转体吨位一定时，球铰竖向转动失稳临界力矩随球铰支承半径的增大而减小，其原因在于球铰边缘距转动轴的力臂随球铰支承半径（圆心角）的增大而减小。在常用球铰支承圆心角 $10° \sim 18°$ 范围内，计算系数 a 最小值为 0.9838，接近 0.98，工程上可取计算系数 0.98 作为球铰竖向转动失稳临界力矩和静摩阻系数的保守估计值，也可根据式（9-31）进行精确计算。

根据以上分析，按照《桥梁水平转体法施工技术规程》（DG/TJ 08-2220—

2016）规范计算，即 a 取 1，说明规范计算的摩阻力矩略偏大。

9.6 小结

本章针对球铰接触应力进行了理论分析、模型试验和数值模拟分析，推导了球铰竖向转动临界力矩和撑脚支点转动临界力矩的计算公式，主要结论如下：

1）根据模型试验和数值模拟分析结果，球铰接触应力呈现中间小、周边大的分布特点，《桥梁水平转体法施工技术规程》（DG/TJ 08-2220—2016）规范计算的结果为平均应力，与实际应力分布不符。

2）根据球铰中心受压分级加载模型试验结果，由于上下球铰面半径不同，球铰在受力过程中经历由中心区域接触受力到全接触面受力过程的演变，所以，加载前期中心区域受力集中，待荷载增大后，上球铰面向下变形逐渐与下球铰面完全接触，周边和中部应力逐步提升，待上下球铰面完全接触后，球铰周边和中部应力分布均匀，而周边应力大幅上升。

3）不同的球铰接触应力计算方法均基于不同的假定。通过基于半空间体的球铰接触应力计算理论对比，荷载模型影响理论结果，将荷载作用模拟为边界作用面均布荷载复合周边线均布荷载模型，以及基于均匀法向位移假设的边界集中力作用模型下，理论计算的球铰接触应力与有限元计算结果接近，具有较高精度。前者计算模型从力学角度阐释了上转盘悬出下球铰边缘导致的接触应力激增的原因；后者计算公式相对简单明确，在转动体系构造确定的前提下，球铰接触应力只与应力点半径 ρ 有关，其分布形态满足下式：

$$\sigma = \frac{F}{2\pi a^2}\left(1 - \frac{\rho^2}{a^2}\right)^{-1/2}$$

4）根据基于均匀法向位移假设的边界集中力作用模型的接触应力计算公式，得到了球铰竖向转动失稳临界力矩（即球铰摩阻力矩）的计算公式，计算结果显示临界力矩的计算系数随球铰支承圆心角的增大呈明显地线性减小，在常规球铰支承圆心角 10°~18°范围内，最小值接近 0.98。工程上可取计算系数 0.98 进行球铰竖向转动失稳临界力矩和静摩阻系数的保守估计。

第 10 章

结 束 语

转体施工的重点在于保证转体过程中转体结构平衡稳定且转动平稳顺畅，为此，控制和调整转体结构的重心位置，保证转体结构抗倾覆稳定是关键。因曲率影响，曲线梁结构重心偏离截面几何中心，转体施工的曲线连续刚构以曲线大悬臂 T 构为转体结构，转体结构重心与转铰中心的相对关系，以及由此导致的转体结构的平衡稳定，是曲线连续刚构桥梁设计施工的关键所在。

1. 大悬臂曲线 T 构重心位置及大跨曲线连续刚构桥的偏心状态的理论分析

1）大悬臂曲线 T 构重心位置（偏心状态）理论分析表明，大悬臂曲线 T 构的重心位置因梁体曲率影响偏离梁截面剪力中心，特点如下：

①曲率导致的恒载重心线向外弧侧偏离剪力中心线，曲率半径越小，偏离越大，梁的宽度越大，偏离越大。

②曲梁重心位置向内弧侧偏离恒载重心线，梁的中心角 θ 越大，向内侧偏离越大。

③桥墩重量使得 T 构重心向剪力中心线恢复，桥墩越高，桥墩重量越大，恢复偏心的作用越明显。

④曲线箱梁重心偏向内弧侧，引起曲梁 T 构桥墩产生横向弯曲，进一步加剧 T 构重心向内弧侧偏离，当桥墩比较高时，这种偏离不容忽视。

2）曲线连续刚构桥的曲梁转体 T 构受曲率影响产生重心偏离，经分析得到以下结论：

①大悬臂状态下曲线主梁重心向内弧侧偏离，导致转体 T 构整体偏心距 e 向内弧侧偏移。

②合龙后可见二期恒载对悬臂状态主梁自重作用产生偏心效应起削弱作用，偏心程度得到改善。

③桥梁跨径对于主梁扭矩影响较大，当跨径增大时，横桥向偏心距对于转体结构平衡和稳定影响将大幅增大。

3）衡量曲线梁扭矩以及因此导致的曲梁转体 T 构的偏心状态，受曲梁对应的圆心角（同时考虑悬臂长度和曲率半径）影响，圆心角越大，扭矩越大，偏心状态越严重。因此，曲线连续刚构（连续梁）桥转体施工方案选择时，要综合考虑跨径和曲率半径两个因素，跨径增大或曲率半径减小时，转体曲梁 T 构对应的圆心角均会增大,偏心距也会增大,设计中尤其要高度注意,圆心角超过35°~40°时,偏心距可能超过3.0m,对于转体施工必须采取必要技术措施,以确保可有效调整转体结构偏心状态,保持转体结构的平衡性和稳定性。

2. 大悬臂曲线 T 构转体结构的转动体系设计

1)桥梁转体系统的设计应与桥梁结构设计相匹配,应桥而异且因地制宜,中心与撑脚共同支承的转体结构支承系统可以增加转体结构在转体过程中的稳定性,是当前转体施工的主要支承形式,在此支承系统下,建立了平转时转动体系力矩平衡方程式,该平衡方程体现了中心与撑脚共同支承系统在抗倾覆平衡与平转匀速转动平衡的统一,也就是转体安全和顺畅的统一。

2)中心与撑脚共同支承下,撑脚支承力对牵引力产生不利影响,需合理控制,而采用辅助支承和齿轮驱动的转体系统,能够较好解决撑脚支撑力和牵引力的矛盾,是解决严重不平衡转体和大吨位转体的创新技术。

3)解决曲线大悬臂转体 T 构的转铰中心与结构重心重合是转体结构设计的关键。解决偏心问题的方法包括配重调整重心偏离方案、辅助支承系统方案、调整转铰位置方案。对于横桥向大偏心结构,以配重调整重心偏离方案需配重量大,配重设置空间不足,不具备实施可行性;辅助支承系统对于解决横桥向大偏心受辅助支承设置位置影响,辅助支承受力较大,辅助齿轮驱动或顶推力要求较大,方案具有局限性;调整转铰位置(即预设偏心)方案具有可行性,但预设偏心过大需同时解决承台传力问题。

3. 转体施工的大跨小半径曲线连续刚构桥的设计

1)受桥梁跨越铁路线所面临的建设条件和制约因素影响,宁波市轨道交通 4 号线转体桥梁集大跨、小半径曲线线形、不对称等特殊情况于一体,两个转体结构的单侧悬臂长度分别为 50m 和 86m,曲率半径 350m,转体结构曲梁对应圆心角 16.4°和 28.2°,转体结构因自重横桥向偏心预设偏心距达 2.2m,为国内转体桥梁之最,在曲线连续刚构转体桥梁案例中具有典型性,该桥梁悬臂长度 86m,意味着跨径 180m 左右、曲率半径 300~500m 的小半径曲线连续刚构桥转体施工的可行性。

2)宁波市轨道交通 4 号线转体桥梁设计方案中采用了调整转铰位置(预设偏心)方案,并通过桥墩底部横向向曲线内侧扩大形成的变截面桥墩,解决了转体结构偏心的问题,其中 27 号墩预设偏心 0.8m,桥墩底部向内侧扩大 1.6m,而 28 号墩预设偏心 2.2m,桥墩底部向内侧扩大 4.4m,通过桥墩变截面扩大底部,解决转体结构预设偏心问题,为同类转体施工曲线桥梁设计提供了新思路。

3)转体结构在桥墩和梁体悬臂浇筑过程中,偏心距在不断发生变化,为此,设计中在桥墩上(曲线外侧)布置了预应力筋,并根据偏心距变化分批次张拉预应力。

4. 大跨小半径曲线连续刚构桥的转体施工

1）在复杂交通环境下跨线桥梁设计受建设条件和环境因素制约，转体施工方法是大跨度桥梁的重要选择，转体施工迫切需要适应大跨、小半径曲线、不对称等各种特定情况；大跨大曲率连续刚构桥转体施工的关键在于曲线大悬臂T构转体结构在转体前、转体中、转体后的结构稳定、转动平稳，所以解决曲线大悬臂T构转体结构的转铰中心与结构重心重合是结构设计的关键。

2）针对宁波市轨道交通4号线转体桥的曲线大悬臂转体结构特点，介绍了曲线转体结构平衡系统和转动牵引系统的设计与计算方法，对工程项目转体施工过程结构的稳定性进行了分析，尤其在转体结构稳定性分析中，考虑曲线桥梁双向偏心的特点进行双向抗倾覆稳定分析。

3）宁波市轨道交通4号线转体桥转体结构在1个铁路线封锁时间内顺利完成转体，转体过程历时65min，开创了国内最小半径和最大悬臂长度的大偏心连续刚构桥梁转体施工的记录。

5. 基于施工误差的转体结构稳定性评估

1）梁体从悬臂浇筑状态过渡到转体结构状态，转体结构的稳定性评估非常重要，既是进行转体结构抗倾覆稳定性验算的依据，又是转体前临时固结措施可以安全解除的依据。

2）转盘混凝土应力受偏心影响比较敏感，可以作为偏心状态估计的依据，但实际施工时上下转盘间临时锁定装置数量多，包括预应力精轧螺纹钢、临时锁定型钢以及砂箱，受力状态复杂，也会造成判定的干扰；桥墩、主梁的结构应力和位移受偏心影响的敏感性不强，监测数据受传感器精度、长期监测下环境干扰等因素影响，依靠监测数据进行偏心状态评估还不具备可行性。

3）利用实际施工的钢筋和混凝土用量估算转体结构的偏心距，并基于可能出现的施工误差评估转体结构偏心状态，除非出现极端情况（一侧悬臂端少一个节段），最大偏心状态可以控制在20cm左右，为转体结构抗倾覆稳定分析的施工误差提供了依据，同时说明转体结构可以进行临时固定的解除。

6. 曲线连续刚构转体施工双向称重技术与配重方法

1）针对曲率影响下曲线桥梁转体结构可能产生的双向偏心情况，提出了双向不平衡称重试验构想，推导了相关计算公式，设计了称重试验和配重实施方案。

2）配重对于调节顺桥向偏心敏感，而对于横向偏心不敏感，在配重方案设计时，宜采用"先顺后横"配重策略，同时以合偏心距控制为目标，调节顺桥向偏心距为主，调节横向偏心距为辅，并充分考虑曲率影响下顺桥向配重对横桥向偏心的影响。

3）以配重后不平衡合力矩略大于摩阻力矩为合偏心距控制目标，既使撑脚着地以提高转体结构稳定性,又可控制撑脚较小的支承力,从而控制转动牵引力,同时还能减少配重量。

7. 撑脚主动支承的偏心转体施工技术

1)通过预留部分偏心的撑脚主动支承体系,是一种将辅助支承系统和调整转铰中心位置相结合的方法,适用于解决存在较大偏心的转体结构,同时又能通过主动支承的撑脚及撑脚上千斤顶,避免因撑脚被动支承引起转体结构姿态的调整。

2)尽管这种方法上尚处于方案设计阶段,但由于辅助支撑系统已经在武汉市常青路跨铁路主桥转体桥梁、襄阳市环线提速改造工程跨襄阳北编组站大桥有了成功的应用,本书提出的方案中的辅助支撑系统还去掉了齿轮传动系统,体系更简单;同时,宁波市轨道交通4号线跨铁路转体桥通过桥墩宽度调整最大偏心2.2m,也取得了成功应用,所以这种方法具备可行性。

3)这种撑脚主动支承的偏心体系,具备以下特点:

①转铰和撑脚两点或多点支承加转体结构稳定性和转动平稳性好。

②减小转铰中心向内侧偏移量,可有效减小桥墩尺寸和基础尺寸,也可以兼顾曲线桥梁成桥后二期恒载和车辆荷载作用的受力特点。

③通过对于主动支承撑脚千斤顶获得支承力,可以减少或取消不平衡称重。

8. 球铰接触应力计算理论与试验研究

1)根据模型试验和数值模拟分析结果,球铰接触应力呈现中间小、周边大的分布特点,规范规定的简化计算方法与实际不符,经过对比,采用基于均匀法向位移假设的边界集中力作用模型,得到的球铰接触应力技术公式简单,与实际应力分布接近。

2)由于上下球铰面半径不同,球铰在受力过程中经历由中心区域接触受力到全接触面受力过程的演变,所以,加载前期中心区域受力集中,待荷载增大后,上球铰面向下变形逐渐与下球铰面完全接触,周边和中部应力逐步提升,待上下球铰面完全接触后,球铰周边和中部应力分布均匀,而周边应力大幅上升。

3)根据基于均匀法向位移假设的边界集中力作用模型的接触应力计算公式,得到了球铰竖向转动失稳临界力矩(即球铰摩阻力矩)的计算公式,计算结果显示临界力矩的计算系数随球铰支承圆心角的增大呈明显地线性减小,在常规球铰支承圆心角 $10°\sim18°$ 范围内,最小值接近 0.98。工程上可取计算系数 0.98 进行球铰竖向转动失稳临界力矩和静摩阻系数的保守估计。

综上所述,预应力混凝土连续刚构桥的具体形式及其施工工艺的选择与桥址地形、道路走向、施工条件等密切相关。为尽可能减小地形和既有线路对道路选线及桥梁选址的限制与人们对交通便捷性、舒适性以及美观性等要求的矛盾,基于预应力混凝土连续刚构桥的许多桥型被开拓,如曲线连续刚构桥对地形、地貌适应性强，能大大减小连接线的长度，被广泛用于道路的曲线区段；不对称布跨或桥墩的预应力混凝土连续刚构桥能适应两边高差较大的复杂地形，或能满足主梁合龙施工位置的特殊要求，在大江、峡谷以及跨线工程中被日渐采用；桥梁转体施工工艺以成本低、对线下线路影响小和影响时间短而被险峻地貌和跨线工程广泛采用，甚至成为某些工程的必选方案。

在新建桥梁选址复杂（集以上多种特征）情况下，集曲线、不对称、转体施工等特征的预应力混凝土连续刚构桥应运而生，特别是在立体交通日益普遍的当下，桥梁转体施工工艺被日渐广泛地与曲线、不对称相结合。集不对称、曲线、转体施工等特点的连续刚构桥已日渐用于复杂地形桥址处。上述以曲线大悬臂 T 构的稳定性和转动平稳性为目标，结合宁波市轨道交通 4 号线跨铁路转体桥梁的设计和施工，所总结的桥墩预偏心设计优化方法、双向不平衡和双向抗倾覆稳定分析方法、双向不平衡称重试验及配重技术、撑脚主动支承的偏心转体施工技术、悬臂状态偏心状态和安全状态预测评估技术等一系列关键技术，解决了跨径 180m 左右、曲率半径 300~500m 的小半径曲线连续刚构桥的设计和施工的关键技术难题，为此类桥梁的建设提供了重要的技术参考和依据，同时也可以对部分由于结构异形等原因导致的不平衡转体桥梁的施工提供参考。

参 考 文 献

[1] 张联燕,程懋方,谭邦明,等. 桥梁转体施工 [M]. 北京:人民交通出版社,2002.
[2] 任为东. 大瑞铁路澜沧江特大桥施工关键技术研究 [J]. 铁道标准设计,2021,65(4):82-88.
[3] 程飞,张琪峰,王景全. 我国桥梁转体施工技术的发展现状与前景 [J]. 铁道标准设计,2011(6):67-71.
[4] 庄卫林,黄道全,谢邦珠,等. 丫髻沙大桥转体施工工艺设计 [J]. 桥梁建设,2000(1):37-41.
[5] 李自康. 都拉营大桥T构箱梁的转体施工 [J]. 公路,1999(3):22-27.
[6] 徐春东,胡洲,关俊锋,等. 跨线铁路转体桥施工技术发展综述 [J]. 华东交通大学学报,2021,38(6):54-60.
[7] 焦亚萌,徐升桥,简方梁,等.(145+240+110)m子母塔单索面转体斜拉桥设计创新 [J]. 铁道标准设计,2020,64(5):78-82.
[8] 姚君芳,徐升桥,焦亚萌. 超大吨位转体斜拉桥墩梁构造关键技术研究 [J]. 铁道标准设计,2022,66(7):70-78.
[9] 陈文,孟庆春,林红真,等. 跨京九铁路斜拉特大桥转体施工技术 [J]. 施工技术,2017,46(15):70-74.
[10] 贾宝红. 郑万铁路上跨郑西客专联络线特大桥主桥转体结构分析 [J]. 铁道标准设计,2017,61(5):65-69.
[11] 李桂林,李波,严定国,等. 大纵坡小曲线半径转体斜拉桥在郑万铁路桥梁中的应用 [J]. 铁路技术创新,2018(5):68-73.
[12] 靳飞. 非对称独塔单索面超宽幅曲线大吨位转体斜拉桥设计与创新 [J]. 铁道标准设计,2021,65(9):110-115.
[13] 周继. 上跨庐山站立交工程转体斜拉桥总体设计 [J]. 世界桥梁,2023,51(2):21-27.
[14] 左家强. 铁路小半径曲线转体施工矮塔斜拉桥设计研究 [J]. 铁道工程学报,2022,39(2):62-67.
[15] 文望青,林骋,王斌,等. 双幅同步转体矮塔斜拉桥设计 [J]. 桥梁建设,2021,51(2):112-117.
[16] 李艳明,徐升桥,彭岚平,等. 墩顶转体法施工的大跨度曲线钢桁梁桥总体设计及创新:以国道109新线高速公路安家庄特大桥主桥设计为例 [J]. 铁道标准设计,2024,68(3):1-7.
[17] 殷爱国. 跨既有高速铁路多股道T形刚构桥施工关键技术 [J]. 施工技术(中英文),2022,51(6):46-49.
[18] 陈爱荣. 大跨径小半径曲线桥梁转体结构设计 [J]. 城市道桥与防洪,2021(6):

105-108.

[19] 叶如. 大跨度曲线不对称连续刚构轨道交通桥梁方案设计[J]. 城市道桥与防洪, 2016（6）：83-86.

[20] 张建斌. 北京新机场三线四桥集群式同步转体施工技术[J]. 施工技术, 2020, 49（6）：71-73.

[21] 干昌洪, 梁昆, 许明奎, 等. 同联多T构转体桥合龙口竖向误差调整技术[J]. 铁道建筑, 2021, 61（10）：53-56.

[22] 李泽露, 李新伟, 李华鹏, 等. 基于云监测平台的跨铁路桥梁转体智能监测技术及应用[J]. 世界桥梁, 2024, 52（4）：69-76.

[23] 李硕, 辛宇, 刘锋, 等. 双向非对称转体连续梁桥抗倾覆稳定性研究[J]. 合肥工业大学学报（自然科学版）, 2024, 47（7）：979-985.

[24] 柯朝辉, 王德志, 杨恒. 福厦高铁大跨度混凝土独塔斜拉桥设计[J]. 世界桥梁, 2020, 48（S1）：17-21.

[25] 米强. 极不平衡转体斜拉桥称配重技术[J]. 黑龙江交通科技, 2022, 45（4）：90-92.

[26] 陈洪涛. 高速公路改扩建上跨铁路非对称转体桥梁设计[J]. 世界桥梁, 2022, 50（2）：20-25.

[27] 张雷, 周岳武, 杨斌. 唐山二环路特大吨位转体斜拉桥设计[J]. 世界桥梁, 2019, 47（6）：6-10.

[28] 王子文. 非对称独塔混合梁斜拉桥转体施工关键技术[J]. 桥梁建设, 2019, 49（4）：108-112.

[29] 简方梁, 徐升桥, 高静青, 等. 超大吨位转体桥梁关键技术研究[J]. 铁道标准设计, 2021, 65（11）：179-184.

[30] 林骋, 许三平. 大吨位曲线斜拉桥大偏心转体结构优化技术[J]. 桥梁建设, 2022, 52（5）：122-127.

[31] 肖宇松, 陈银伟. 极不平衡桥梁转体球铰设计方法[J]. 铁道建筑, 2019, 59（11）：26-28.

[32] 李金峰. 桥梁极不对称转体齿轮驱动体系设计[J]. 世界桥梁, 2019, 47（5）：17-21.

[33] 梅慧浩. 基于齿轮齿轨传动的斜拉桥多点支撑转体系统设计及应用[J]. 世界桥梁, 2023, 51（3）：36-42.

[34] 马行川. 不对称结构梁式桥水平转体的辅助支撑系统设计[J]. 工程技术研究, 2019, 4（17）：16-18.

[35] 车晓军, 张谢东. 大吨位T形刚构桥转体过程抗倾覆性能[J]. 中国公路学报, 2014, 27（8）：66-72.

[36] 上海市住房和城乡建设管理委员会. 桥梁水平转体法施工技术规程：DG/TJ 08-2220—2016[S]. 上海：同济大学出版社, 2016.

[37] 中华人民共和国交通运输部. 公路桥涵施工技术规范：JTG/T 3650—2020[S]. 北京：人民交通出版社, 2020.

[38] 张文学, 汪志斌, 周玉林, 等. 超大吨位平面球铰转体斜拉桥多点联合称重技术[J].

施工技术, 2020, 49 (23): 14-17.

[39] 严朝锋. 平面转体中两次称重、两次配重施工技术应用 [J]. 石家庄铁道大学学报 (自然科学版), 2018, 31 (S2): 201-204.

[40] 罗力军. 武汉长丰大道高架桥不平衡重称重试验 [J]. 世界桥梁, 2019, 47 (6): 46-50.

[41] 王旭燚. 小半径曲线不对称转体连续刚构桥施工过程受力行为研究 [D]. 重庆: 重庆交通大学, 2020.

[42] 方鑫. 关节轴承协调接触模型与磨损寿命预测 [D]. 长沙: 国防科学技术大学, 2014.

[43] 王立中. 转体施工的公路T形刚构桥梁转动结构设计 [J]. 铁道工程学报, 2006 (9): 41-43.

[44] 薛飞, 饶露, 韦建刚, 等. 桥梁工程转体施工中球铰应力计算方法 [J]. 沈阳建筑大学学报 (自然科学版), 2020, 36 (6): 1047-1054.

[45] 车晓军, 周庆华, 关林坤. 转体施工桥梁大吨位球铰径向应力计算方法优化研究 [J]. 武汉理工大学学报 (交通科学与工程版), 2014, 38 (2): 356-358.

[46] 左敏, 江克斌. 转体桥平转球铰转体过程应力计算方法研究 [J]. 铁道标准设计, 2015, 59 (12): 36-39.

[47] 黄仕平, 袁兆勋, 唐勇. 桥梁平转施工中球铰界面的摩擦力精确计算方法及验证 [J]. 中国公路学报, 2021, 34 (9): 231-241.

[48] 黄仕平, 唐勇, 袁兆勋, 等. 桥梁转体施工接触面应力分析及优化方法 [J]. 哈尔滨工程大学学报, 2020, 41 (12): 1790-1796.

[49] 莫增模, 黄仕平, 王卫锋. 桥梁转体施工中球铰接触应力分析研究 [J]. 公路, 2021, 66 (2): 184-188.

[50] 魏峰, 陈强, 马林. 北京市五环路斜拉桥转动体不平衡重称重试验分析 [J]. 铁道建筑, 2005 (4): 4-6.

[51] 颜惠华, 王长海, 罗力军. 桥梁转体施工中球铰静摩擦系数计算方法 [J]. 世界桥梁, 2015, 43 (4): 74-78.

[52] 杨伟. T形刚构桥大角度同步转体施工控制关键技术研究 [D]. 成都: 西南交通大学, 2018.

[53] 李全乐, 黄欣, 李自林, 等. 大跨径钢管混凝土劲性骨架拱桥水平转体施工抗倾覆性能研究 [J]. 天津城建大学学报, 2017, 23 (2): 96-100.

[54] 瓦伦丁 L 波波夫. 接触力学与摩擦学的原理及其应用 [M]. 李强, 雒建斌, 译. 北京: 清华大学出版社, 2019.

[55] 章致瑜. 连续刚构基于带撑脚支撑偏心转体的施工技术研究 [D]. 重庆: 重庆交通大学, 2022.